身 心 灵 魔 力 书 系 ·

U0684038

爱情

郭桂云·著

有花堪折直须折

当爱情来临，要勇于争取

中国出版集团　现代出版社

图书在版编目(CIP)数据

爱情:有花堪折直须折 / 郭桂云著. —北京:现代出版社,2014.2
(2021.3 重印)

(身心灵魔力书系)

ISBN 978 – 7 – 5143 – 1977 – 4

Ⅰ.①爱… Ⅱ.①郭… Ⅲ.①爱情 – 青年读物②爱情 – 少年读物
Ⅳ.①C913.1 – 49

中国版本图书馆 CIP 数据核字(2014)第 029953 号

作　　者	郭桂云	
责任编辑	王敬一	
出版发行	现代出版社	
通讯地址	北京市安定门外安华里 504 号	
邮政编码	100011	
电　　话	010 – 64267325 64245264(传真)	
网　　址	www.1980xd.com	
电子邮箱	xiandai@ cnpitc.com.cn	
印　　刷	河北飞鸿印刷有限责任公司	
开　　本	700mm × 1000mm　1/16	
印　　张	11	
版　　次	2014 年 2 月第 1 版　2021 年 3 月第 3 次印刷	
书　　号	ISBN 978 – 7 – 5143 – 1977 – 4	
定　　价	39.80 元	

P 前 言
REFACE

为什么当代的青少年拥有幸福的生活却依然感到不幸福、不快乐？怎样才能彻底摆脱日复一日的身心疲惫？怎样才能活得更真实快乐？

对于每个人来讲，你可能是幸福的、满足的，也可能是不幸福的。因为你有选择的权利。决定你选择的因素只有一点，那就是你是接受积极的还是消极心态的影响。而这个因素是你所能控制的。

你是否觉得烦恼、孤寂、不幸、痛苦？你是否感受过快乐？你是否品尝过幸福的味道？烦恼、孤寂、不幸、痛苦、快乐、幸福，这些都是形容词，而所有的形容词都是相对而言的。没尝过痛苦，又怎知何谓幸福的人生？总是到紧要关头才发现，幸福早就放在自己的面前。人的幸福，是人们对它的理解和感觉所赋予的，其实，幸福与否只在于你的心怎么看待。不幸又岂非人生之必经？有时候很奇怪，每每拥有幸福的时候，人往往不懂得这些就是幸福，总是要到失去以后才发现，幸福早就放在了自己的面前。

肚子饿坏时，有一碗热腾腾的面放在你眼前，是幸福；累得半死时，有一张软软的床让你躺上去，是幸福；哭得伤心欲绝时，旁边有人温柔地递过来一张纸巾，是幸福……幸福没有绝对的定义，幸福只是心的感觉。幸福与否，只在于你的心怎么看待。你要是总感觉自己钱没有别人多，地位没有别人高，妻子没有别人的漂亮，丈夫没有别人的体贴，孩子没有别人的聪明，你能感到幸福吗？

越是在喧嚣和困惑的环境中无所适从，我们越觉得快乐和宁静是何等的难能可贵。其实"心安处即自由乡"，善于调节内心是一种拯救自我的能力。当人们能够对自我有清醒认识，对他人宽容友善，对生活无限热爱的时候，一个拥有强大的心灵力量的你将会更加自信而乐观地面对现实，面向未来。

本丛书将唤起青少年心底的觉察和智慧，给那些浮躁的心清凉解毒，进而帮助青少年创造身心健康的生活，来解除心理问题这一越来越成为影响青少年健康和正常学习、生活、社交的主要障碍。本丛书从心理问题的普遍性着手，分别描述了性格、情绪、压力、意志、人际交往、异常行为等方面容易出现的一些心理问题，并提出了具体实用的应对策略，以帮助青少年朋友科学调适身心，实现心理自助。

C目 录
ONTENTS

第一章 问世间情为何物

年龄不是爱的分界线 ◎ 3

恋爱的吊桥理论 ◎ 5

为什么"郎才女貌"的佳偶总是少数 ◎ 7

一见钟情的概率 ◎ 8

"罗密欧与朱丽叶效应" ◎ 10

恋爱上的审美错觉 ◎ 12

有些爱情,是从一个微笑开始的 ◎ 14

赢得女人芳心的优质男——"灰太狼" ◎ 16

第二章 恋爱对象的选择

趁早离开不懂得付出的男人 ◎ 21

别中了甜言蜜语的蛊 ◎ 24

"精英男"不是个个出色 ◎ 26

婚史影响择偶吗 ◎ 28

警惕唐璜式的好色之徒 ◎ 31

远离没有孝心的女人 ◎ 33

女人一野蛮,男人就害怕 ◎ 35

遇到心如蛇蝎的女人躲远点 ◎ 37

虚荣的女人令人厌恶 ◎ 39

第三章　相恋是个磨砺的过程

让你的过程与众不同 ◎ 45

记住别人的名字很重要 ◎ 49

面对搭讪,要有绝对的自信 ◎ 52

女性通过嗅觉选择男性 ◎ 54

没人会拒绝你的微笑 ◎ 56

收敛锋芒,提升受欢迎度 ◎ 59

与人交往,得理也要让三分 ◎ 62

别抱着照片找伴侣 ◎ 64

第四章　如何对型男释放好感

善用 MSN 小图,小兵立大功 ◎ 69

怎样通过实际距离拉近心理距离 ◎ 70

第一感觉很重要 ◎ 72

从小地方对他放电 ◎ 73

不要漏接他的"回电" ◎ 75

恰当的环境,有助于提升好感 ◎ 77

用对的眼神接触 ◎ 79

言语也能释放暧昧讯息 ◎ 80

第五章　做让人心动的女孩

自信的女人最美丽 ◎ 85

让人感觉如沐春风的女人 ◎ 86

像太阳一样的女人 ◎ 88

懂得自己、照顾自己的女人 ◎ 90

随和、自然,有点可爱的女人 ◎ 92

觉得自己很幸福的女人 ◎ 94

懂得将心比心的女人 ◎ 96

对未来充满理想的女人 ◎ 98

第六章　交往初期的约会指南

第一次的约会地点 ◎ 103

别讲太冷的笑话 ◎ 105

营造一种"有默契"的氛围 ◎ 107

展现造型巧思,能增添吸引力 ◎ 108

偶尔给他一点小惊喜 ◎ 109

一眼看穿男人心 ◎ 111

他爱上你的讯号 ◎ 113

女生在约会时不能犯的错 ◎ 115

做个无法轻易征服的女人 ◎ 117

第七章　约会可以优化爱情

初次约会如何找话题 ◎ 121

初次约会,要擦亮你的眼睛 ◎ 125

选择约会的圣地 ◎ 127

女人约会为什么总是故意迟到 ◎ 129

第八章　改变爱的思维

灰姑娘情结,只不过是大多数女人的心结 ◎ 133

改掉你的公主病,戒掉幻想的公主命 ◎ 137

女人越想嫁,就越嫁不好 ◎ 140

一见钟情,一箭伤心 ◎ 142

一厢情愿,不过是你的心愿 ◎ 145

爱情不是你花了时间,就有结果的事情 ◎ 147

令人羡慕的豪门,不见得就是"好门" ◎ 149

第九章　金钱不能购买感情

别用金钱衡量爱情 ◎ 153

分享小秘密，让对方敞开心扉 ◎ 156

爱情难以 AA 制 ◎ 159

令男人胆战心惊的恋爱"钱"规则 ◎ 162

爱情与面包不是对立面 ◎ 164

六个步骤让你成为完美"财女" ◎ 167

第一章 问世间情为何物

　　爱情的幻想之一是爱人能对我们最深沉的思想和梦想发生共鸣。

　　当对方不能共鸣时，我们就感到伤心、失望甚至感到被辜负了。

　　但是，要爱人猜测我们的所思所想显然是不明智的。

　　感到自己为配偶所理解的男人和女人都知道，我们有责任使对方了解自己。

　　当你告诉配偶你需要什么，而他或她对这一要求作出了反应时，这就是爱的证明。

年龄不是爱的分界线

"问世间情为何物,直教人生死相许",《神雕侠侣》中杨过与小龙女的爱打破了师徒身份的界限,让我们感受到爱情的力量足以冲破世俗之见。人生若舟,常常漂泊不定,爱情如桨,在平淡的生活中荡起片片涟漪。有爱的存在,年龄不再是距离。

陈香梅刚刚大学毕业,就进入中央通讯社昆明分社工作,那一年,她才19岁,因为英语说得好,被社里派去采访陈纳德将军。初次见面,陈香梅就被这位少将的风采深深吸引。

可当时,陈纳德将军还没和分居多年的妻子离婚。因此,两人也未深入交往。

两年后,陈香梅调入中央通讯社上海分社,此时陈纳德将军恰好来上海公干。重逢,点燃了他们的爱火。

当时陈香梅心里很矛盾,两个人的年龄差距太大了,陈纳德比她的父亲还要大一岁,更何况,还有国籍差异。

他们的爱情经得住时间的考验吗? 日后会不会产生分歧、矛盾呢? 此刻贸然接受这段爱情会不会在将来变成一种伤害呢? 但陈纳德将军非常有耐心,关心她,呵护她,为了赢得陈香梅家人的首肯,陈纳德甚至放下架子陪陈香梅的外祖父打桥牌。

渐渐的,陈香梅放下心来,她觉得自己没有看错人,陈纳德一定可以带给她一生的幸福。这段爱情将是她最宝贵的财富。她总是自豪地用"我的男朋友"这个词向别人介绍陈纳德,满脸都是幸福的光彩。因为考虑到陈纳德年龄偏大,陈香梅也放弃了很多专属年轻人的活动,尽量不让陈纳德感到年华不再。

两人互相体谅、互相尊重,看似不和谐的一对情侣,却在生活舞台上跳出了最完美的舞步。

爱情——有花堪折直须折

陈纳德去世后,陈香梅一直没有再婚。他们的爱情超越了年龄与时空的限制,永远美丽如初。

年龄不是爱的分界线。找到真爱并让爱常鲜的真正秘诀也并不掌握在命运或时机的手中,它存在于自己的观念与行动中。

魔力悄悄话

不为世俗观点束缚,尊重、体贴、赞美、宽容你的爱人,给他空间,与他沟通,与他徜徉在浪漫的爱意里,直到永远。

恋爱的吊桥理论

电视剧中有一个男追女的惯用手段：

女主角一人走夜路，这时候突然从黑暗中蹿出两个蒙面歹徒，女主角吓得尖叫逃命，可还是摆脱不了穷追不舍的歹徒，就在这关键时刻，男主角以迅雷不及掩耳之速出现，把两个歹徒打得落花流水，还没有从惊恐中平静下来的女主角一下子投入"英雄"的怀抱，感激涕零之余也情愫暗生。

也许这是一出真正的英雄救美，也许这只是男人为了追求女人而拉来好兄弟排演的一出假戏，可无论如何，效果达到了。这其实运用了心理学上的"恋爱的吊桥理论"。

在恋爱心理学上有一个非常著名的实验：加拿大心理学家达顿等人分别在两座桥上对 18 ～ 35 岁的男性进行问卷调查。

一座桥是高悬于山谷之上的吊桥，吊桥距离下面的河面有几十米高，而且左摇右晃，非常危险；而另一座桥是架在小溪上的一座坚固的木桥，高度也很低。

心理学家先让一位漂亮的女士站在桥中间，并由这位女士负责对男士们进行问卷调查。然后，让接受实验的 18 ～ 35 岁的男性过桥，并在桥中央接受问卷调查。

做完问卷调查后，那位女士会对男士说："如果想知道调查结果的话，过几天给我打电话。"并将自己的电话号码告诉给男士。

结果，数日之后，给这位女士打电话的男士中，过吊桥的男士远比过木桥的男士多。

为什么过吊桥的男士会有这样的行为呢？因为他们把过吊桥时那种战战兢兢、心跳加快的感觉误认为是恋爱的感觉了。这就是所谓的"吊桥理论"或者"恋爱的吊桥理论"。

爱情——有花堪折直须折

恋爱的吊桥理论说明：恐惧会激发人的情欲。这也就不难解释，英雄救美、和异性朋友看完一场恐怖电影或是坐完过山车之后，为什么会对他平添几分好感，这都是"恋爱的吊桥理论"在发挥神奇的作用。

魔力悄悄话

如果你和你的恋人正因为交往中过于平淡而不知如何是好，不妨一起出去玩一把惊险游戏，或者到电影院享受一部最新上映的恐怖电影，相信你们的爱隋会擦出不一样的火花。

为什么"郎才女貌"的佳偶总是少数

　　和两个朋友上街购物,迎面走来一个相貌平庸、装扮没有品位的男人,搂着一个如花似玉、装扮时尚、有着天使般笑容的女孩。其中一人等他们一走过去就说:"那男的肯定是大款,把那女的给包了,那女孩看起来挺纯的,没想到也是一傍大款的!"

　　这样的对话或是类似的想法应该存在于很多年轻人当中。为什么"郎才女貌"的佳偶总是少数,而现实中的看起来并不般配的恋人也容易遭人诟病呢? 难道这真的是"女方图钱、男方图色"的结果吗? 其实不然,这往往与优秀男人性格中的"约拿情结"有关。

　　由此,人们借约拿情结指代一种在机遇面前自我逃避、退后畏缩的心理。**当一个男人遇到一个各方面条件都很好的女人时,由于约拿情结作祟,他们往往会产生一种"急流勇退"的心理。尤其是优秀男人,更不容易主动去追求女人。**就像英俊的王子遇到美丽的公主时,他们会想:我是帅哥,用得着主动去追吗? 如果追到了还好,如果追不到的话那多没面子、多掉价啊! 我身边的朋友会怎么说,那些围着我的女人们会怎么想。思来想去,压力实在是太大了,还是撤了吧。有人还做过这样一个小测试:如果遇到一个你极满意的异性,你是否会主动搭讪,建立联系? 答"会"的女人为55.7%,而男人们竟比女人还低5.7个百分点。可见男人在表达爱意时更胆怯。

魔力悄悄话

　　那些平凡普通的"青蛙们"十分清楚:在大多数情况下,漂亮女人其实很孤独,非常渴望男人的真爱。而"王子们"也就这样因约拿情结拱手将公主让给了"青蛙"。

一见钟情的概率

记得电影《非诚勿扰》里面男主角秦奋和女主角梁笑笑有这样一番对话：

梁笑笑："你相信一见钟情吗？"

秦奋："我一见你就挺钟情的。"

梁笑笑："咱们三见也钟不了情。"

一见钟情，是个太浪漫的字眼，很多人都希望自己能有这样的爱情邂逅，但现实生活中出现的概率实在很小。

在心理学家曾做过一次"关于恋爱经验的问卷调查"的结果显示：有55.2%的人有过"一见钟情"的经历，其中61.1%的男性和50.6%的女性经历过"一见钟情"。美国科学家进行的调查则表明，"一见钟情"也存在男女差异。男性发生"一见钟情"的概率更高一些。

李明是一家房地产公司的销售部经理，年近30的他女朋友还没有着落，每当别人问起，他总是以工作忙碌为由。其实这只是一个借口，真正的原因是天性浪漫的李明并没有遇到令自己十分倾心的姑娘。他也曾相过几次亲，可最终都不了了之。

这天早上，李明像往常一样走进公司的写字楼，走到电梯门前时，一名身穿黑色套装的女子让李明眼前一亮，她衣着虽显得干练，眉宇间却流露出女人的温柔和性感。当她大大的眼睛与他对视的那一刹那，李明仿佛是被电到一样，这一刹那的惊讶，让李明清楚地知道自己遭遇了爱情。出于礼貌，两人彼此互道早安。

后来李明得知，这名"黑衣女孩"是广告部的新员工，名叫乔雅。李明确定自己对乔雅的感觉就是传说中的一见钟情，得知乔雅还是单身之后，他展开了猛烈的爱情攻势，而乔雅在李明两个月不间断地送花后，最终答应了与他交往。在交往过程中，双方都确定对方是能够相伴终身的人，一年后，他们就步入了婚姻的殿堂。

为什么会存在一见钟情这种"很玄的东西"呢？这也许是动物本能的一种体现。昆虫等低等生物在与异性相遇的瞬间便会产生"恋爱行为"。人类内心也藏着这种动物本能，在遇到心仪对象时瞬间擦出爱的火花。

根据美国研究人员的调查统计还得出一组有趣的数据，美国的离婚率高达50%以上，但是，"一见钟情"的两个人结婚后，离婚率却只有20%。此外，很多人一生中只发生过一次"一见钟情"。可以这么说，"一见钟情"是我们寻找最佳伴侣的一种特殊能力。

当然，并不是所有的"一见钟情"都能修成正果。

魔力悄悄话

"一见钟情"只是让双方有了良好的感觉基础，想要延续这份感情，还需要彼此花费很长的时间去了解对方，如果相处之后发现双方在一起存在着很多问题，那起初的一见钟情就会被认为只是一种错觉。

"罗密欧与朱丽叶效应"

相恋的男女，有时可能还没有到非对方不娶不嫁的程度，可如果这时遇到外界的阻力，反而会促成他们的姻缘。在心理学上，这种现象被称为"罗密欧与朱丽叶效应"。

一般情况下，我们会认为那些没有阻力、受到亲人朋友祝福的爱情，会发展得比较顺利。

实际上，越是受到外界的阻力，越能加深恋人之间的感情，比如罗密欧与朱丽叶。

《罗密欧与朱丽叶》是莎士比亚的一部戏剧。故事发生在14世纪意大利的两个积怨很深、相互争斗的家族之间。两个家族的独生子和独生女罗密欧与朱丽叶相恋了，他们的爱情受到多方阻挠，但两个年轻人决心冲破重重障碍，将忠贞的爱情进行到底。

双方的家人越是反对，两个人的心贴得越紧，演绎了人间最为壮美的爱情悲歌。

在电视剧中，我们也经常会看到这样的情节：当有情敌出现时，潜在的竞争往往会使恋人的形象显得更加完美。这种现象并非偶然，它具有相关的心理学依据。

当恋爱双方被强迫作出某种选择时，就会产生高度的心理抗拒，这种心态会促使他们做出相反的选择，从而增加对自己所选择的事物的喜欢程度。这一"效应"在《红楼梦》中的贾宝玉和林黛玉、《阴谋与爱情》中的斐迪南和露伊斯、《西厢记》中的张君瑞与崔莺莺等人身上都得到了充分的验证。

但事实上，很多为了躲避家人的反对而私奔、演绎了"轰轰烈烈的爱情"的情侣，最后都以离婚告终。这是因为，受外界阻力激发而升温的爱情，往往经受不住现实的考验。两个人一旦遇到现实生活的挫折，爱情就容易破碎。

　　当彼此相爱的两个人遇到障碍、不得不分手时,由于人的心理无法改变外界障碍的现状,于是加深感情以逾越障碍。而此时人们容易产生错觉,把战胜困难的力量误认为是爱情的力量。在这种情况下,当生活趋于平淡,爱情遭遇柴米油盐酱醋茶,没有深厚的感情支撑,离分道扬镳也就不远了。

魔力悄悄话

　　当家人反对或出现其他外界阻挠因素时,情侣们要保持冷静,好好审视这份感情,正视自己的内心,才不至于一时被爱情冲昏了头脑,让轰轰烈烈的爱情开场演变为夫妻反目的家庭闹剧。

恋爱上的审美错觉

　　"情人眼里出西施"是恋爱过程中经常出现的一种心理现象,可以说是爱情的必需组成部分,尽管这是一种心理学上所称的"审美错觉"。审美错觉是对审美对象深入体验之后,审美主体所产生的真实的美的感觉。这种审美感觉在客观上看好像是失真的,但在主观上却是真实的心理体验。

　　热恋中的男女对异性美的审视,既针对其外在体貌特征美,也针对其内在心灵美。心灵美可以弥补外表美的不足,正如托尔斯泰所说的:"人不是因为美丽才可爱,而是因为可爱才美丽。"有这样一个动人的故事可以证明这一点:

　　伊丽莎白·巴莱特是19世纪英国著名的女诗人,坎坷的命运使她与五彩缤纷的生活擦肩而过。多年的病痛折磨使她卧床不起,年近40的时候仍是孤身一人,但她写得一手好诗,拥有众多诗迷。与白朗宁的结识是从一封白朗宁致女诗人的信开始的,在几个月的密切通信后,巴莱特也收到了白朗宁的求爱信。鉴于自己的身体状况,巴莱特拒绝了他,但白朗宁坚持不懈,终于打动了巴莱特尘封已久的心。两人见面的时候,白朗宁拉着巴莱特的手说:"你真漂亮!"白朗宁的意外闯入,使巴莱特原本灰暗的生活出现了斑斓的阳光。更不可思议的是,多年来纠缠她的疾病也有了好转。

　　在别人眼里,巴莱特相貌并不出众,而且身体还不健康,何美之有? 可白朗宁在她的诗里发现了她的内在美,在她身上感受到了由内而外的魅力,巴莱特成了他眼里最美丽可爱的女人。

　　这种审美错觉其实是很有意义的,它使情人发掘出恋爱对象身上更深层的美以补偿某种不足,可以推动爱情的发生与发展,而不至于使那些外表并不美的人一生孤单。但如果审美者本身没有健全的审美意识,或者这种错觉发展到过分的程度,会产生消极的作用。正如霭理士所言:"在热恋中的男女竟会把对方很丑的特点认为极美,而加以誉扬颂赞。"

人的价值观、人生观是产生审美错觉的内在原因。正常人总是向往美好的事物,并且往往把善良、真诚与美联系在一起。美丽的外貌容易引起人们对真、善的联想,从而产生好感,这是一种自然的心理反应;真、善的内在本质也容易引起人们对美的思考,从而产生美感,这是正常的心理效应。但无论对真、善的理解还是对美的欣赏,都离不开正确的价值观、人生观的引导。如果爱情没有了正确的价值观、人生观引导下的审美,就容易暗藏危机,导致日后婚姻和家庭悲剧的发生。如果审美错觉有悖于正确的价值观、人生观,一旦爱的激情日趋平息,光环效应随着消失,后悔就为时晚矣。

恋爱中的男女,容易被对方容貌的美丽光环迷住双眼,而忽视了其美丽外表掩盖下的丑陋灵魂。巴尔扎克曾对这种情况做了精辟的描述:"在虔诚的气氛中长大的少女,天真、纯洁,一朝踏入了迷人的爱情世界,便觉得一切都是爱情了。她们徜徉于天国的光明中,而这光明是她们的心灵放射的,光辉所及,又照耀到她们的爱人。她们把心中如火如荼的热情点染爱人,把自己崇高的思想当作他们的。"有些人,由于心理的发育还不够成熟,常常不能冷静、客观地审视对方,见其优点而不见其缺点,甚至把缺点也看成了优点。例如有位女子爱上了一个颇为英俊潇洒的男子,英俊潇洒盖过了其他一切。当他有些粗鲁时,她却认为是豪爽;他挥霍浪费,她却认为是慷慨大方;他有些方面不老实,她认为这是聪明机智;甚至他和别的女人勾勾搭搭,她还认为这是由于他的魅力所致……直到她最后吃了大亏,才后悔莫及。热恋中的人,要正确看待审美错觉。出现错觉无可厚非,但要通过正确的价值观、人生观来指导并修正这种审美心理。

魔力悄悄话

恋爱中的男女,容易被对方容貌的美丽光环迷住双眼,而忽视了其美丽外表掩盖下的丑陋灵魂。出现错觉无可厚非,但要通过正确的价值观、人生观来指导并修正这种审美心理。

有些爱情，是从一个微笑开始的

北方有佳人，绝世而独立。
一笑倾人城，再笑倾人国。
宁不知倾城与倾国？
佳人再难得！

这首诗名为《佳人歌》，是乐师李延年为他的妹妹所作。短短的一首《佳人歌》轰动京师，令天子闻之而心动，闻之而神往，立即生出一见佳人的向往。

笑，是美人的一抹更加迷人的绚烂。有多少君王，多少男人，能抵挡美人一笑呢？从《诗经》里的"巧笑倩兮，美目盼兮"，到杨贵妃的"回眸一笑百媚生，六宫粉黛无颜色"；从周幽王为博美人褒姒一笑烽火戏诸侯到狐女婴宁憨痴的笑容惹王生神魂颠倒，我们都可以从中看到微笑的魔力。别说是美人的笑，即使只是一个小女孩的笑，也会引发令人难以置信的奇迹。

在 20 年前的美国，曾发生一件轰动性新闻：

一个陌生路人将 4 万美金现款给了加州一个 6 岁的小女孩。大家都很惊奇，在大人的一再追问下，小女孩终于说出了令大家从没想到的答案："他好像说了一句话——你天使般的微笑，化解了我多年的苦闷！"原来，这个陌生人是一个富豪，但过得并不快乐。因为平时给人的感觉太过于冷酷，几乎没人敢对他笑。当他遇到小女孩的时候，她那天真无邪的微笑驱散了他长久以来的孤寂，打开了他尘封多年的心扉。

微笑具有一种很神奇的力量，发自内心的微笑会让自己感觉到幸福，同时也给了别人温暖。它就像是心里飘出的一朵莲花，美丽，令人一见倾心。微笑是最原生态的吸引，它会让人有被认可、被喜欢的安慰感。

微笑，有时候真能让人觉得整个世界都变得温暖起来了。一个不漂亮的女子，她在阳光下的恬淡微笑，那种美丽，那种温暖，是那些浓妆艳抹永远以画皮示人的美女们无法比拟的。

有些爱情，正是从一个微笑开始的。很多人其实都是孤独的天使，独自生活在冰封的世界里，一个温暖的微笑可以让人从北极的冰山之巅走到中国南海那个春暖花开的地方。有时候，微笑比语言更有魔力。我们会因为看到一个男孩温暖的微笑爱上他，他也很可能会因为一个天使般的微笑爱上那个女孩。

谁会喜欢一个整天板着张臭脸的人呢？就像《犬夜叉》里的杀生丸，即使他帅呆了，酷毙了，也有很多人不喜欢他，因为他太冷漠，太无趣。而犬夜叉，一点都谈不上帅，却拥有众多"粉丝"，因为他很可爱。男孩子也一样，很少有男孩会喜欢一个冷冰冰的木美人。眼泪虽是女人惹得男人疼惜的千古利器，只可惜现在的很多女孩子没有几个能哭得出来的。不能哭，也只能笑了。长得一团喜气的女孩子是男友妈妈最中意的儿媳，有很多男孩也说最喜欢眼睛会笑的女孩子了。一笑倾人城，再笑倾人国，不需要倾城与倾国，倾倒你最喜欢的那个男人就够了。

魔力悄悄话

有一句是这么说的："要记得永远保持着微笑，即使是在你难过的时候，因为有人可能会因你的微笑而爱上你。"

赢得女人芳心的优质男——"灰太狼"

随着动画片《喜羊羊与灰太狼》的风靡,剧中人物"灰太狼"凭借其对老婆的百般宠爱,荣登优质男榜单。

下面,我们就来看一看,灰太狼是怎样获得万千女人的芳心的。

1. 爱老婆胜过爱自己

只要老婆一声吩咐"还不赶紧抓羊去",灰太狼立马激活自身的战斗能力,竭尽所能地前去抓羊。许多次,灰太狼都成功地抓到了羊,他完全可以自己先吃掉,可他一次都没有这样做,总是辛苦地把小羊们送到老婆大人面前,红烧还是涮羊肉全由老婆说了算。老婆的要求他从来不拒绝,即便想用十只羊换件虎皮大衣,他也能眼睛都不眨就答应。

即使灰太狼被老婆打了后,还能说出这样的话:"老婆,老婆,你千万不要生气,生气会对皮肤不好的!"在日记中,灰太狼这样写道:"或许大家觉得我被老婆打,被老婆骂很可怜吧。可是,我觉得她是世界上最好的老婆!"

这样的男人永远把老婆放在第一位,这可是女人心目中优质男的先决条件。

2. 聪明能干有毅力

灰太狼的种种发明创造让人惊叹不已。如果你找到这样一个动手能力超强的优质男,就再也不用为家庭中的突发状况担心,家里的保险丝断了,他修;马桶堵了,他通;水管漏了,他补;椅子腿折了,他钉。

灰太狼想到的抓羊点子数不胜数,而且许多点子极具创新意识。他也凭借这些点子多次抓到小肥羊,尽管最后小羊总能顺利逃脱,再恶整灰太狼一番,但每次失败后,灰太狼都不言放弃,大喊着:"我一定会回来的!"

有谁能否认,找到一个这样聪明能干又有毅力的男人,也就等于找到了甜蜜的爱情和幸福的生活呢?

3. 热爱劳动

虽然灰太狼每天都出去抓羊给老婆吃很辛苦,但他仍然坚持做家务,洗衣服、收拾房间,什么活都不用老婆插手,嫁给这样的男人,女人就不用担心很快变成黄脸婆了。

4. 善于烹饪

没有羊的时候,灰太狼怕饿着老婆,亲自下厨为老婆大人做饭,不仅毫无怨言,还知道变着花样烹饪,满足老婆美容的要求。一个善于烹饪的男人可以把女人滋补得像花一样,这是当代优质男必备的技能之一。

5. 用情专一

在当今滥情的年代,灰太狼这种对老婆忠贞不贰的精神更是值得学习和表扬。虽然他偶尔也有抵挡不住小白狐的媚眼给人家献了殷勤,把抓到的青蛙送给对方的错误行为发生,但老婆一声召唤他就会乖乖回家。要知道,优质男的身边总有无数双觊觎的眼睛。一个将"弱水三千,我只取一瓢饮"的精神牢记于心的优质男无疑是上上之选,女人务必抓牢。和优质男灰太狼相较之下,红太狼则是一个集所有泼妇特质于一身的"大成者",她每天穿着红色的皮草,涂着紫色的眼影,打扮得像个贵妇,总提溜着个平底锅对着灰太狼拳打脚踢。她在家过着几乎是少奶奶一样的生活,煮饭、洗盘子、打扫卫生全是灰太狼的事,还要丈夫为她捏脚搓背。在现实生活中,这样的女人肯定是全体男性公民的公敌,但在动画片里,灰太狼不仅心甘情愿地当起了"煮夫",还对红太狼照顾有加。正是这样鲜明的对比,衬托出了灰太狼绝佳的优质男气质,也让灰太狼赢得了万千女人的芳心。她们都在心里暗暗发誓:"嫁人就嫁灰太狼这样的男人。"

魔力悄悄话

一个将"弱水三千,我只取一瓢饮"的精神牢记于心的优质男无疑是上上之选,女人务必抓牢。

第二章 恋爱对象的选择

我们经常愚蠢地认为爱给予我们重塑他人的特权。

我们试图抹去配偶身上的粗糙之点，而不管在这样做时甚至会抹杀那人身上令我们钟爱的品质。

决不能这样做，即使是一个依从型的配偶，他或她也会不自觉地抵抗改变的压力。

真正幸福的夫妻应该懂得，爱包括接受对方的瑕疵。

他们知道，一个人改变的愿望只能产生于对他或她的接受之中。

趁早离开不懂得付出的男人

因为性情不合，或是没有共同语言而离开一个女人，在现代社会已是司空见惯、无可厚非。人们已经不会责怪男人的无情，因为感情的事情勉强不得。但是，如果一个男人明明知道自己早晚会离开这个女人，却还是听任这个女人没完没了地为他付出，享受到极致之后，便甩甩袖子，一走了之。这样的男人可说是无情无义，不仅可鄙而且可恨。

20 世纪 80 年代，当大家还是穷学生的时候，苏琪已经是能以访问学者的身份进入美国著名大学的研究室，每年拿着一两万美元年薪，另加住房补贴的"有产阶级"。

此时，苏琪的身边有着许多追求者，申杰是其中追得最紧的一位。

苏琪在国内时就谈过男朋友，然而，身为研究院院长的父亲听说女儿上学期间谈恋爱，怕女儿不安心学习，就通过系里辅导员，把这两个年轻人拆散了。不得已，苏琪选择了出国。

她准备先做访问学者，然后再办理留学手续。而申杰在追求苏琪时，表现得极度浪漫痴情——每个周末都送来玫瑰花，专门给苏琪做饭，或者带她去饭店吃……总之，作为一个穷留学生来说，申杰做到了极致。

苏琪被感动了，但是非常犹豫，因为父母希望苏琪早点拿下学位，快点回国工作。苏琪的父母都是早期留美的学生，20 世纪 50 年代回国参加祖国建设。虽然他们常出国访问，但是，没有丝毫居留美国的意愿。

当苏琪对家人讲到申杰时，苏琪的母亲从直觉上出发，觉得这么会来事儿的申杰很滑头，有点靠不住。但因为没有见过面，不好干预太多。

苏琪终于收到了纽约大学医学院发来的录取通知书，还有奖学金；尽管微薄，读书是够了。然而，如果苏琪到纽约读书，无论从经济上，还是两人的关系上，对于申杰，都不是好消息。

这时，申杰提出了结婚，而且希望苏琪继续做她的访问学者，并承诺等他毕业赚了钱，会供苏琪继续读书，或者做她自己想做的事情。

苏琪被说服了。为了申杰的前程，她放弃了纽约大学的学习机会，没有与父母商量，就与申杰办了结婚手续。

婚后，他们很快就生了孩子。此后多少年下来，苏琪始终无怨无悔地为申杰付出。申杰的弟弟来留学，学费由苏琪来出；申杰的家人在国内买房，苏琪也得拿钱；来美国这么多年，苏琪从未买过像样的衣服；孩子也是托人送回国，由苏琪的母亲带大的。一年又一年一晃而过，苏琪与医学院的距离越来越远。

申杰毕业后，在西海岸找到了一份工作，于是他们搬迁至加州。就在苏琪以为终于可以喘口气的时候，却发现自己又怀孕了，只好凑合着找了一份工资很低的工作。

儿子一出生，申杰就说不喜欢给别人打工，要去创业。这一来，资金又开始紧张，苏琪在美国读书的愿望又一次落了空。后来申杰在美国创业一败涂地，又提出要回国创业。

回到中国，事业还没有眉目，申杰就已经与另一个女人发生了关系。不久，他向苏琪提出离婚，理由是：妻子不图上进，来美国数年，一事无成，这导致两人没有任何共同语言。虽然苏琪一万个不同意，但在美国，在他们居住的州，夫妻分居十几个月后，如果双方没有争议，可以自动离婚。申杰一个人留守国内，其实是为了延长分居的时间，为离婚制造借口。

终于，在苏琪34岁的时候，他们正式离婚了。

这些年来，申杰的工资几乎没有拿回家，理由是创业需要应酬，需要投资。实际上这些钱中，不少都用在了别的女人身上。申杰宁可在外面花天酒地一掷千金，也不愿把这笔钱寄给苏琪的父母——为看护他们的子女费尽心血的两位老人。他会把大量的时间花在他的情妇身上，却不会花一个小时带自己的两个孩子出去走一走……

苏琪20世纪80年代便能出国深造，可谓是天之骄子，上天的宠儿。但从苏琪的遭遇看到，她过得并不好。

苏琪的大女儿12岁，按照美国法律，她可以独立与弟弟放学在家。此时，苏琪才能抽身去附近的美国大学读个学位下来。这么聪明、善良、贤淑的她，来美国10多年，车子和房子都没有搞定，还独自带着两个上小学的孩子，不仅生活水准退到了几十年前，而且走得更累、更艰难。

虽然遇到申杰这样的男人的概率很小，但是一旦遇到，女人的结局将不堪设想！饱经了生活压力与磨难之后，苏琪也许变得不再温柔，不再美丽，不再青春。但是想一想，20 几岁到 30 几岁，她完全按照一个男人的旨意，付出，再付出，等待，再等待……最终却落了个惨淡收场。

她的心被磨碎，血泪斑斑。有些男人虽然无情，但是至少懂得负责任，申杰这类男人，女人一旦追到手就不再付出，既无情又自私，毫无责任感，遇到这样的男人真是女人一生的不幸。

魔力悄悄话

女人们要在婚前睁大双眼好好看清楚将要共度一生的这个人的本质，他的用心、他的浪漫是否只是为了征服，如果他只是把优秀女人追到手作为一项值得攻克的课题，那么他的人生中肯定会出现一个又一个的课题。而当你已经被攻克，就会被弃若敝屣，你再多的付出也得不到一丝回报。

别中了甜言蜜语的蛊

在单身男人中,有那么一类擅长甜言蜜语的男人,他们能轻易地赢得女人的芳心,如果这些甜言蜜语他们只是说说而已,并不兑现他们做出的承诺,这就是典型的口头派男人。

画外音:当时那把剑离我的喉咙只有 0.01 公分,但是四分之一炷香之后,那把剑的女主人将会彻底地爱上我,因为我决定说一个谎话。虽然本人生平说过无数的谎话,但是这一个我认为是最完美的……

紫霞:"你再往前半步我就把你给杀了!"

至尊宝:"你应该这么做,我也应该死。曾经有一份真诚的爱情放在我面前,我没有珍惜,等失去的时候我才后悔莫及,人世间最痛苦的事莫过于此。你的剑在我的咽喉上割下去吧!不用再犹豫了!如果上天能够给我一个再来一次的机会,我会对那个女孩子说三个字:我爱你。如果非要在这份爱上加上一个期限,我希望是……一万年!"

"呛啷"一声宝剑落地,紫霞被至尊宝的这番甜言蜜语感动得泪流满面。

哪一个女人不喜欢听男人对他说甜言蜜语?诚如紫霞仙子这样的神仙也抵挡不住甜言蜜语的威力,更何况俗世中的凡间女子呢?可是毕竟口头派的男人那些无法实现的承诺在生活中不会给女人带来任何实质性的幸福。女人,想辨别你心仪的那个他是不是口头派男人,平时你要多注意观察他身上是否有这些现象出现:

1. 自吹自擂

如果你心仪的那个男人总是自吹自擂,但是一动手就发现什么都不会:他夸耀自己做菜天下第一,但是到了厨房连菜刀都不会拿;他说自己月进斗金,但是实际上常常钱包空瘪;他给你的许诺,却没有一个兑现……无论肥皂泡再大再美丽,它终究破碎。这样的口头派男人,只能给你一个如肥皂泡般虚幻的美丽,和极度希望之后极度失望的痛苦。

2. 空有梦想

他总有无穷无尽的梦想,他从来不会看低自己,始终觉得自己终究会成为下一个"比尔·盖茨",至少也是下一个"李嘉诚",要不就是下一个"奥巴马"。他们对事业总有着天花乱坠的规划,把成功想象成自己唾手可得的果实,而从来不想着靠汗水去耕作。女人,找一个只会沉溺于幻想,而不愿意实干的男人,幸福生活也只能是个梦想。

3. 虚有其表

有这么一种男人,第一次见面交谈的时候,你在心里由衷感叹:这个男人好有深度。而等到多接触几次,你才发现原来他翻来覆去都是那么几套说辞,而不见任何新鲜的简介。是自己"有眼无珠",错把口头派当成实力派。面对这样一个空虚的躯壳,女人满腔的爱意逐渐灰飞烟灭。

如果你心仪的那个他只有 20 多岁,你还可以不停地督促他,反复地提醒他,尽全力地帮助他,等他成熟。可如果他已经过了 35 岁,还告诉你他的目标是当富豪或是当大官,那么你还是趁早把他拎到水龙头下冲冲,让他清醒清醒。

魔力悄悄话

男人的最大失败就是认识不到自己的短处,并且不愿意努力去改善,而只会夸夸其谈,这样的口头派,女人从一开始就应该避而远之。

"精英男"不是个个出色

如果说女人最想嫁给哪类男人,精英男可说是上上之选。这是因为:家庭上,精英男一般家境不错,父母都有较高的学历和体面的工作;事业上,精英男自己拥有名牌大学的文凭,有良好的社会关系和稳定的工作,收入丰厚;涵养上,精英男能在球场上英姿勃发,在商场上叱咤群雄,更有读书人的儒雅风度和深厚修养,既不像富少爷那样娇生惯养,又不像出身贫寒通过努力才出人头地的凤凰男那样有较深的自卑。无论从哪方面来看,精英男都算得上男人中的骄子。

然而,在心理学上有个名词,叫作"控制错觉",意思是人们往往倾向于把社会定义得比它自身更有秩序、可预测,高估自己对事物的判断和预测力。例如单凭第一印象就迅速地对他人未来可能的行为作出诸多预测。他们高估了自己对事件的控制程度,而忽略或是低估了事情过程中的可变性。单凭着"精英男"的刻板印象,便扩张了不属于那个男人的光环,这就成了一种"错觉"。

"精英男"不是个个出色,很可能他们鲜亮的外表下,隐藏着跟外表完全不匹配的扭曲内心。往往在乍一接触他们的时候,会让人有种"错觉"——这个男人是多么地优秀和完美!

让我们来看看"错觉"后的三种真相:

1. 人前人后不一致

在外人面前,他总是温文尔雅,待人谦和有礼。和你恋爱的时候,他也总是对你嘘寒问暖、温柔体贴。你以为自己捡到了一个宝,暗自窃喜不已。可一旦你和他结婚,他就脱掉了自己的伪装,显露自己恶劣的本性,动不动就使用家庭暴力。

2. 一颗浪子心

因为自认为自己是优质男,他自视甚高,他的周围也确实围绕着许多的莺莺燕燕。他可以对你甜言蜜语,却也和其他女人卿卿我我。在他的眼中,似乎只有风流倜傥才算得上一个真正的青年才俊。

3. 典型的工作狂

工作起来没日没夜,连个电话也不记得打回家。身为一个精英男人,还要为了家人丰厚的物质条件不断赚钱,除了没日没夜的加班,还要不断喝酒应酬,回家以后不吐得面无人色就算好的了,更别说打起精神陪女友说话。

找一个这样的恋人,就要考虑你是否能忍受如果结婚后守活寡的生活。因为缺乏交流,你们彼此都融入不了对方的世界。

面对精英男,女人首先要抹去他身上所有夺目的光环,从他这个人的品性去考察他是一个什么样的男人。如果一个男人没有了家庭背景,没有了丰厚的收入和体面的工作,他是否还有一颗积极上进的心灵和踏实肯干的动力?他是否还有真诚爱你的心和忠诚如一的品质?

魔力悄悄话

要看清楚所谓的精英男的本性,才不至于被他的光环蒙蔽了双眼,等到在爱情与现实中无法自拔的时候,就为时晚矣了。

婚史影响择偶吗

　　初涉爱情的女孩,一旦爱上离婚男人,往往会犹豫不决。方方面面的阻力都摆在面前:亲友的百般阻挠;世俗的压力;他和前妻的暧昧感情,是否有可能复合,她还在他心里占有多少分量;有孩子的话,怎么与他的孩子相处……太多的困惑和压力会让女孩难以取舍。相恋吧,自己也没有十足的把握会得到幸福;放弃吧,又割舍不了那份感情。到底怎么办好? 一句话:离婚男人未必不可选!

　　小西的父亲早逝,母亲一个人扯拉她长大的。22岁的时候,在一次聚会中,她认识了田华。田华已经离婚,而且比小西大10岁。他还有一个6岁的孩子,孩子跟着前妻。田华不是很会说话,但人实在,能喝点小酒,但不嗜酒,小西慢慢喜欢上了他。更多的时候,田华给小西的感觉,是像父亲一样地关心她、体贴她、宠着她,让她撒娇。小西很享受这样的男友兼父亲的温馨感觉。

　　知道小西和一个离婚男人谈恋爱,小西的母亲强烈反对,苦口婆心地劝说小西离婚男人的种种"害处"。反对得多了,小西也犹豫了,她不得不考虑母亲所说的种种可能。可是,真让她分手,她又办不到。母女俩的矛盾,日益激烈。

　　后来小西和母亲商量,达成了一个协议。小西把田华带回家来让母亲看看,不是一次,而是几次,让母亲接触接触,再下结论。如果母亲还坚决地反对,小西也就决定听从母亲的意见。

　　小西把田华带到家里。田华没有刻意装扮,小西母亲一见到他,就感到这个男人比较朴实。在小西的家,他不掩饰自己的能干,烹饪打扫样样都拿得出手。小西母亲说什么,他只是听着,然后宽厚地对小西一笑。那一笑,让小西母亲突然感到,自己不能给小西的父爱,田华能给她,田华还能给小西一个宽厚男人的胸怀来包容她。离过婚的他,比浮躁的小男孩更懂得珍惜她、疼爱她,让她生活得幸福。母亲经过反复观察,最终认可了这段感情。

后来小西嫁给了田华,果然生活得很幸福,一切如她母亲所预料的那样。田华对她知冷知暖,像父亲更像恋人。失败的婚姻,让他吸取了足够的经验来对待新的婚姻。他们之间的摩擦也在田华的宽容与大度中比常人少得多。

离婚男人,因为有过一次婚姻,他们会变得更现实,更多地考虑到感情之外的东西,比如彼此的性格、经济问题、家庭背景等。他们再婚的动力往往是基于现实的需要而不纯粹只是爱情的推动。

反过来说,如果离婚男人决定再婚,那也意味着他不是一时的心血来潮或是感情冲动,必定是深思熟虑之后才作出的决定。这样的男人至少会是婚姻中的有心人,就如田华般值得依靠、值得珍惜。

当然,离婚的男人很多会因为长期的独居生活而性情有些孤僻,就算重新有了对象,也会不自觉地拿新的对象与前妻相比,这种心理倾向几乎难以改变。有些离婚男人对孩子的感情也会发生变化,这会成为与离婚男人一起生活的一个障碍,因孩子而产生的矛盾,完全不可小觑。但离婚男人就真的如此不可选吗?未必,因为他们除了缺点,还有更多的因离异而带来的种种优点,千万不要一棒子将他们打死。

如果你爱上了一个离婚的男人,在因为他之前的失败婚姻而对他个人产生怀疑,犹豫是否要跟他相处的时候,不妨也看看他身上的这些优点:

他们因为婚姻的失败而更加成熟。没有什么比挫折更能使一个男人散发出成熟的魅力。在第一次婚姻时,他需要学习,学习如何与女人相处,学习怎么尽丈夫的责任和义务,学习怎样给女人撑起一片天,然而,婚姻失败了,他不得不冷静下来,反思婚姻中的得失。因为反思而成熟,而避免重蹈覆辙,他因此才从毛头小伙子过渡到成熟男人。

他们更了解女人,懂得疼爱女人。好女人是男人的一所学校,即使不成功的婚姻,对男人也是一次实践。和前任妻子的种种纠缠,会让男人更加懂得女人的所需所想。女人为什么会喜欢使小性子?女人有哪些特殊的生理周期?女人为什么更需要关爱?离婚男人都比未婚的男人明白,也会更加体贴女人。

他们更善于解决婚姻中出现的问题。男人看似坚强,却很难抗住情感的挫折;也许仅仅出于成本考虑,他不想再次离婚,再次使自己变得一无所有。所以,在第二次婚姻中出现的矛盾和问题,离婚男人会努力地去解决它;如果不能解决,他会尽量妥协,因为他不希望再忍受离婚的伤痛了。

他们更会协调家庭中的人际关系。婚姻失败的男人总是让周围人同情。特别是在他的父母、亲人眼中,他更是需要关爱的对象。一个人在挫折中,才更懂得亲情和爱,才不会那么骄傲,才会注重和周围人的情感交流,因为他明白良好的人际关系会保障他在人生的艰难时刻得到众多的援助之手,而不是一个人孤独地走过。

他们大多数事业有成。离婚的男人大多人近中年,经历了多年的打拼,他们中的很多人正处于事业的上升期。做他的第一任妻子需要和他辛苦创业,而做他的后任妻子,则很可能只需要"下山摘桃子"、坐享其成了。

魔力悄悄话

女人在择偶时,不要把离过婚的男人一概排除在外。离婚男人是否可选,需要女人结合自身的实际情况和彼此间的感情来具体把握。

警惕唐璜式的好色之徒

《唐璜》是 19 世纪浪漫主义诗人拜伦的代表作,是一部长篇诗体小说,其中塑造的男主人公唐璜,是一个活在 15 世纪的西班牙贵族;他诱拐了一个少女,跟着又把那个少女的父亲谋杀了。这样的一个人物给人们留下了深刻的印象,所以后来人们对那些风流成性,见了女人便要追的男人喜欢这样形容:"他是一个唐璜!"

现代唐璜的定义是一个好色之徒,他所追求的只是女人的肉体,但向来不把感情放进去。他要本着他的男性魅力来引诱女人。当他得到了一个女人的肉体,他便立刻转移目标,寻找新的征服对象;因为他要不断地征服女人,他的男性虚荣感才能保持它的充满状态。他要占有最大多数的女人的肉体来满足他的男性虚荣感。

约翰是丹麦的一个工业发明家,他的发明品并没有成为举世闻名的畅销品,但他扮演的唐璜倒是成绩辉煌。

约翰自己坦白承认,扮演大情人给予他人生最大的乐趣。现在,让我们看看约翰扮演大情人的手段。他的相貌和身材都异常英俊,风度翩翩,绅士礼貌十足,衣着讲究。他一生结婚三次:头一个太太是芭蕾舞星;第二个太太是电影明星;第三个太太是时装模特儿。三次婚姻都以离婚终结,就是因为他结了婚也不能压制他那见到新的女人便非要追到手不可的唐璜心理。

在生活中,约翰会不停地搜寻生活中的猎物。比如进入任何餐馆,坐下来后,他的眼睛便像探射灯那样,向餐厅的四周搜索。当他看到只有女客在座的桌子,他的眼睛便亮起来。只要女人的气质还算不坏,样子长得不错,年纪不太老,便是他那天晚上的征服对象。他立刻吩咐侍者把一瓶葡萄酒送过去;那位女士当然好奇地问,酒是谁送过来的。此时,约翰便用多情的眼光向那位女士打招呼。

当那位女士把正餐用完了,约翰便走过去,很有礼貌地作自我介绍,请问女士准不准许他坐下来，陪她一起喝咖啡。约翰一坐下来，便鼓其如簧之舌，向女士大灌迷汤，称赞她何等美丽！何等迷人！当然，他说话的时候，脸上摆出诚恳万分的表情。"在我的一生里，"约翰对他的每一个猎物都这样说，"我从来没有遇到过一位像你这样具有独特风味的女人！"这句话是从约翰的口里机械性地喷出来，但每次都射中女人的心，得到致命伤的效果。

女士把约翰灌给她饮的一大碗迷汤一滴不剩地喝光，被迷得魂飞魄散，相信眼前这位英俊的绅士对她一见钟情。于是，她当天晚上便愿意跟约翰风流。约翰很小心，永远不带任何女子回到他自己的家；他不是跟女子回家，而是另找的地方。一夜风流之后，约翰便不愿意再见到那个女子。他顶多留下一个电话号码，而该电话号码是属于他朋友办公室的。如果那位女士打电话到那里去找他，她只会得到一句留言：约翰到外国去了，或者是他不在那里工作了。

就是这样，约翰一生在人生的舞台上扮演大情人，百战百胜，出猎必有所获。当他到了80多岁，两腿无力走路，躺在老人院的床上，没办法再出去狩猎女人的时候。他认为他的人生失去了乐趣，不值得再活下去。在一个晚上，他吃了很多安眠药，一睡不醒。

这种唐璜式的心理，会带给男人和女人不同的结果，男人的唐璜心理越来越重，情场上处处风流，夜夜笙歌，女人们渐渐看透唐璜的表象，知道得不到圆满的结果。其实这个世界上的男人，或多或少都会表露出唐璜的心理，虽然这种心理是无可厚非，但是为了尊重感情本身的珍贵，男性应该对此有所控制。从女性角度来说，这种登徒子还是少去招惹，因为对这种人付出真心，很可能就是在浪费自己的感情和精力，这种人将狩猎女人当作一种生活乐趣，将女性视作测试自己魅力的机械。

魔力悄悄话

这类人缺乏对女性的尊重和对真爱的考量。在他们的身上，感情和女性都是可以随意掌握的玩物，而非能够以心相许的灵魂交流。所以，对这种唐璜式男人，作为女性，应该多加注意。

远离没有孝心的女人

"孝"是中华民族的传统美德,当然随着时代的不同,"孝"的定义也不同,现在我们已经不主张一切都对长辈"言听计从"的愚孝。但是,无论在哪个时代,尊敬长辈,对长辈怀有一颗感恩的心,都是"孝"最基本的因素。

如果一个女人,连生她养她的父母都不放在眼里,那她还会把谁放在眼里呢?这样的女人简直可以用"可怕"来形容。当然,这种情况并不常见,一般来说,女人的"不孝"总是体现在对待公婆身上。

有人说:闺女是父母贴心的小棉袄。很多女人在对待自己亲生父母的时候做得很到位,逢年过节,会给父母买一些礼品;家里做了好吃的,也忘不了自己的父母,会端上一碗送去,或者直接将父母叫过来吃。

可是有些女人对待自己的公婆,就没有了这么好的耐心,她们生怕丈夫瞒着自己给了公婆最好的,而亏待了自己的父母。即使是同样的东西,双方的父母平分,女人也会多一个"心眼",唯恐自己的父母吃亏。

把这样的女人娶回家,男人就等着后悔去吧,必然会造成不断的家庭矛盾。当然,通常情况下,家庭的矛盾主要集中在婆媳关系上。如果母亲也是比较强势的女人,必然是三天一小吵,五天一大吵,搞得家不像家;如果母亲疼惜儿子,不和媳妇计较,尽管也有息事宁人的可能,但也不排除这些女人不会更加飞扬跋扈。

不过,话说回来,婆媳关系自古就是一个非常敏感的话题,男人在处理这个问题上,也要从两方面来看,不能把责任全都推到媳妇身上。

在封建社会中,婆媳关系是一种不平等的人际关系,媳妇必须俯首听命于婆婆,没有独立、平等的人格尊严。

虽然如今媳妇不再受这种封建观念的束缚,但在一些传统家庭,婆婆那种压制儿媳妇的意识还比较强烈。这也是导致家庭矛盾的一个根源。如果是这种情况,作为一个男人,就应该做好"双面胶",一方面对母亲适当开导,另一方面也要积极鼓励妻子多讨老人欢心,达到家庭和谐的目的。

但如果娶进家门的女人始终把公婆当外人，没有做到孝顺公婆的本分，这样的女人不值得亲近，更不是你可以共度一生的贤妻。这种女人或许不用等到婚后才露出真面目。

魔力悄悄话

如果在交往中，她对你的父母总是客气中保持着一种淡淡的疏离，或者在你谈及父母的时候总会不经意飘出一丝不屑或不耐烦的眼神，那么你应该再好好地审视对方，就彼此的家庭观做进一步的沟通和交流，才能确保今后的家庭和睦。

女人一野蛮，男人就害怕

生活中，有这样一种女人，她们粗暴刻薄，刁钻无赖，往往不分场合，狂妄自大，要尽威风，是一个典型的泼妇。她的专长是一哭二闹三上吊，只要稍稍辜负她，她就会以死作为威胁。这样刁蛮任性的女人，对于她们，最好躲得远远的，免得被她们的"利爪"所伤。

自从《我的野蛮女友》这部韩国影片风靡之后，许多女性大受启发，"野蛮"似乎成了她们的一剂救世良药，她们叫嚷着："我野蛮着，所以美丽着！"其实，她们往往是野蛮有余，美丽不足。

捷克小说家米兰·昆德拉说过："人类一思考，上帝就发笑。"而我们现在是：女人一野蛮，男人就害怕。订好约会，见面时女人却突然变得面黑如铁。不明所以的男人好心逗她开心，她却会愈闹意见愈大，"认真"起来，无名火起，将男友骂个够。骂什么？ 莫须有，总之一阵狂风骤然扫来，看你如何招架！

如果真把这种女人娶回家，那可真有你受的。比如，在夜半时分，安静的楼道里突然发出一声尖厉的叫喊——这种情形多半是某个女人又在向男人撒泼了。这就是刁蛮女人的一贯手段。她们把堆积于心中的烦恼毫不保留、变本加厉地倾泻出来。男人则束手无策，站在一边像个做错事的孩子，诚惶诚恐地献上甜言蜜语："都是我不好，原谅我吧！"事实上，往往并不是男人的错。

通常，刁蛮的女人不会通情达理，并且还会常常得寸进尺、无理取闹，那么即使男人有再强的经济基础，再好的耐心，生活也难以幸福美满。

这样的女人，一下班就唾沫星子飞舞地乱发脾气，看什么都不顺心。男人累了一天，回到家里谁不想清静清静，可是还得受这等折磨。这还不算，她可能连男人几年前的过错也一并抖出来，声泪俱下，委屈至极。如果任由她发牢骚，她就会高声埋怨你不关心她，不够体贴，随之迁怒于你，随时可能发展为夫妻大战。

爱情——有花堪折直须折

　　杜丽是一个不折不扣的刁蛮妻子，她的丈夫则处处迁就她。然而，她对生活越来越不满意，她一回家就开始抱怨，把日子过得不开心的错，推到别人身上，从不检讨自身的不足。她每天回家时情绪都很坏，只要她一进门，全家都得小心翼翼，怕她看了不顺心会发作。最后，丈夫终于忍受不下去了，向她提出了离婚。

　　早知如此，何必当初呢？作为一个聪明的男人，当你发现一个女人动不动就有发动千军万马之势，就应尽早做好撤退的准备，省得到时候整天过着心神不宁的日子。许多人说野蛮的女人很可爱。但是这种野蛮并非一意孤行、不理他人感受的撒泼，而是建立在撒娇和爱恋基础上的小野猫式的强势。他们用颇为激烈的方式来表达自己的情感和观点，但是又不乏平日的温柔和爱意，这种让男人痛并快乐着的技巧才是真正可爱的"野蛮女人"。

魔力悄悄话

　　在面对内心和行动都很野蛮且动辄大骂不止、撒泼犯浑的女人，男人还是远离为妙。因为这种女人从心理层面来讲，主要是从自己的喜好出发行事，凡事都表现得以自我为中心，这样的人就很少会为别人考虑，更甚者对人不知尊重。如果与这类女人交往，只是一味放纵，那么，感情的道路自然不会长久。

遇到心如蛇蝎的女人躲远点

　　男人一般都认为女人不会做坏事,因为女人性格柔弱,心地善良,做坏事于心不忍,她们在平时连只小虫子都怕得要死,想做坏事也下不了手。

　　然而,实际上有些女人心如蛇蝎,不择手段,做起坏事来让男人都胆战心惊。

　　这样的女人,从心底里就是恶的,她们对周围的世界充满着不可思议的敌意。其实你和她根本没有什么实质性的关系,更不要说仇恨,她却时时巴望着你倒霉,你越倒霉她就越开心,她的日子也就过得越有滋味。她身上的好多毛病是难以理解的。除了她自己以外,她诽谤一切人、一切事。

　　这种女人贪得无厌,什么都争,什么她都要占着;这种女人总是挑拨是非,别人已扭打成一团,她却在一旁看热闹……她的眼光无论对什么都充满了一种刻薄,看谁都带有仇视的意味。

　　这种女人,就像古代那些宫廷里的女人,为了争宠,互相忌恨、尔虞我诈、不断算计对方。她们对付对手,恨不得一下子置对方于死地,如果在现实中无法做到这一点,她们就利用诅咒的手段来消除自己内心的怨恨,恨不得别人一辈子倒霉,最好得一场暴病,或者遇上飞来横祸,总之,希望对手不得好死。

　　发展到这样的地步,女人们已经失去了应有的理智。一旦时机到来,她们就会竭力打击别人,而且手段之残忍,令人咋舌。

　　开始的时候,她们极可能会趁你不注意,将你的一件什么东西偷偷藏起来,或者干脆给你扔到垃圾桶里去、扔到厕所的下水道里去——可能是一把你离不了的钥匙,也可能是你身上的一样装饰品等。

　　这种女人,一旦失去理智,行为就会变得疯狂,狠毒到不可思议的地步。这种疯狂并不能单一地加以解释,就事论事也讲不通。而且,这种心理失衡完全是她们以自我为中心的一套理论引发的。她们采取过激行为,如果能碰巧听到她们阐述这么做的理由,可能令所有的男人大吃一惊,难以置信。

例如，一个女人忌恨另一个女人，她们之间甚至可能互不相识；毫无利害冲突的人和事，可能令某个女人恨得咬牙切齿；夫妻之间大吵大闹，丈夫却常常搞不懂妻子为什么会大发雷霆、恼羞成怒。自然的，对于女人的疯狂与残忍，大多数时候男人是难以理解的。

《水浒传》里的潘金莲，她与西门庆合谋杀武大郎的时候，表现得何等的镇定，又是何等的残忍！她不但是个称职的"场外技术指导"，而且在西门庆哆哆嗦嗦，眼看就要顶不住的关键时候，扑上来帮了决定性的忙——用一只枕头猛地捂住了武大郎的嘴巴！武大郎临死前的哀鸣，也不能使这个女人动一丝恻隐之心。

当然，在现实生活中，绝大多数女人是善良、冷静、理性的。

魔力悄悄话

不可否认，有的女人时常被疯狂的心绪所占据。如果你在生活中恰巧碰到了这样的女人，可能她平时都是好好的，但在某一个时间会表现得极其凶狠、残忍，比如在生气的时候目露凶光、无缘无故杀死小动物，那你还是尽早逃走为好。

虚荣的女人令人厌恶

在这个世界上,什么样的女人最可爱? 每个男人的标准不同,但多数男人心仪的女人是温柔而不柔顺、贤惠而不虚伪、明理而不刚愎自用、懂得生活而不只知奉献。反之,没有责任感或自命清高,不尊重人而又尖酸刻薄的女人最令人厌恶。而造成女人这些恶劣品质的根源只有一个——虚荣。

对于大多数男人而言,虚荣的女人是最可怕的,也是最令人讨厌的。虚荣心人皆有之,但有深浅之分,有些女人则虚荣到了一定程度——盲目攀比。

男人最怕跟虚荣的女人一起进餐,她们明明饥肠辘辘,却一个劲地说"我怕胖。"久而久之,个个面黄肌瘦,行如草,站如竿,还美其名曰"苗条"。时常听说节食的女人晕倒了,而她醒来的第一句话:"西施也晕倒过无数次呢,有史为鉴,我这点儿算什么?"

另外,女人偶尔去泡泡吧也没有什么大不了的,但一些常常在吧里泡的女人,一撮黄发一支烟,喷云吐雾到天明。你问她,她会告诉你:"这叫'时尚小资',懂吗?"你要她读点书,她会说:"读书? 别老土了好不好,我怕变傻了。"这就是虚荣的女人,她们总是把浮华的东西作为目标,疯狂地追求。如果你找这样的一个女人做女朋友,甚至老婆,只能说明你的世界末日到了!

这样的女人会把男友当成一件值得夸耀的物品,给她的虚荣心增加砝码。她们在选择男友的时候,往往会像明码标价一样规定男友所必须具备的"硬性指标",比如长相、身高、学历、经济基础等,差一分一毫都不可以。非找一流大学出身、在一流公司工作、月收入要多少以上、身高不能低于一米八等。哪怕自身条件根本就不怎么样,也还是对男方要求种种,把绝大多数男人拒之门外。

如果你有幸(其实是不幸)符合了她们的标准,那你就得为她们的各种虚荣埋单,今天谁谁买了一条好看的裙子,她要一条更好的;明天谁谁又挎了一个名牌包,她要两个。如果这些你都能承受的话,那么珠宝、钻石啊什么的也就纷纷而来了。谈恋爱还好,如果结了婚,你可能就会被她的虚荣逼死。

下面这个故事就正好说明了虚荣女人给男人带来的危害:

小高是一名复员军人,在银行某分理处做出纳,负责现金专口的接单审单。他工作勤奋,待人谦和,很受同事及领导的称赞,因此多次被评为单位的"标兵""突击手"。然而,就是这样一个人,竟在一年多的时间里非法挪用公款达100多万元!是什么原因导致小高走上这条不归路的呢?

小高在法庭上交代时悔不当初、泪流满面:"我不该听妻子的话,不该以身试法来满足她的虚荣与财欲,我不该错误地认为爱她就要为她不顾一切……"

原来,小高的妻子非常爱慕虚荣,她看到周围的人都富了起来,很是嫉妒,觉得没面子。恰巧,她的一位好友的丈夫是一家医药公司的会计,家里摆的、用的、吃的,是自己家里无法比拟的。

有一次,她开玩笑地跟朋友说:"真不明白,你们家哪来那么多钱,会不会是你们家那口子从单位弄的?"

没想到,朋友当时就承认了:"这有什么大惊小怪的,现在这世道是撑死胆大的,饿死胆小的!谁有机会不捞点?我不相信你们家小高整天守着钱两手就那么清白!"

她如实相告:"他一分钱也没弄过,我们胆小,万一查出来怎么办?"

朋友底气十足地说:"比咱们弄得多的有的是,查也查不到咱们头上。你看某某工资也不比咱多几十,哪来的钱买房子;某某的工资还不如咱呢,可人家家里的电器是进口的。你们别傻了,过了这村,没这店,你们现在不捞,等以后风紧了或不干这工作了,再想捞也没机会了。没事的!"

朋友的一番话,让小高的妻子猛然醒悟,觉得自己与丈夫前几年真是白活了。回到家中,小高的妻子柔情似水的把朋友的一番话说给小高听,并怂恿道:"你看人家,工资也不比咱多多少,可看看人家那日子,再看看咱们这日子!"

小高听后有些犹豫,担心出事。妻子不依不饶:"绝对没事,现在这世道,大家有机会都捞,有机会不捞被人家当成傻帽儿。咱们少捞点,改善改善生活,反正比咱捞得多的有的是,查也查不到咱头上。"

见小高还不点头,她便哭起来:"你口口声声说爱我,却没让我享过一天福！你结婚前总说结婚后要让我过上怎样怎样的生活，没钱一切都是空话！"小高很爱妻子，见不得她哭，便连连哄劝，并狠下心答应了她，妻子这才破涕为笑。

就这样，小高走上了犯罪的道路，直到银铛入狱才追悔莫及。

小高的经历让人深思。当今社会，妻子吹枕边风介入丈夫工作的事情不在少数，不能说这些虚荣女人的心肠是坏的，但是她们目光短浅、爱慕虚荣却是不争的事实，可怕的是男人经受不起她们的怂恿，从一个内心纯净、两袖清风、清清白白的好男人，蜕变为一个为了金钱而丧失原则、以身试法的罪人。

魔力悄悄话

娶一个虚荣的女人，实际上是用自己的生命作为代价，男同胞们还真的是"养不起"。

第三章
相恋是个磨砺的过程

　　大多数人认为，牢固的关系是始终不变的，而事实上，正如个人在不断变动那样，婚姻关系必然是不断变化的。

　　面临着最大困难的夫妻是那些由于害怕他们的爱情经受不住压力，而顽固抗拒变化的夫妻。

　　具有持久关系的夫妻用接受和积极的态度去迎接变化。

　　要相信你们之间的爱情是坚固的，彼此的信任足以使对方自由发展。

　　恋爱是一本书，让你度过人生快乐的那段时光。

让你的过程与众不同

美女,注定是有众多的追求者的,所以一开始,你就一定要避免被美女归类到"又一个 fans"的群体中去。你必须要做到与众不同。这个原则将贯穿整个"美女征服流程"的全部阶段。

结识了漂亮女孩以后,很可能会有两种普遍心态:

1. 被对方的美丽和矜持所吓倒,自叹天生不是高大帅哥,猎艳高手,不会甜言蜜语,没有万贯家产。普通人一个,于是继续自己的生活。

2. 被死死吸引住,于是开始随着自己对她的好感而凶猛追逐,不顾后果,不顾环境。美其名曰"壮烈和坚定""坚持就是胜利"。

其实这是两种极端的态度,都不适合的。前者太过投入的猛攻,除非你是超级帅哥,否则很可能会使目标产生震慑作用,先是惊讶,然后是排斥。因为女人不像男人那样,会因为对方的外表而极度着迷,女人更加痴迷于一种称做"味道"的东西,而这种"味道"(可以理解为女人能够感觉到的男人的风格)往往是需要时间和接触才能感觉到的。换句话说,女人不可能在短时间内就爱上你,即使她对你有足够的好感。因此,猛攻的方式不是我们推荐的。

另外一种逃避和放弃则更加糟糕,你不去追人家,消极的对待目标,成功的可能性几近于零。

通过贫嘴、俏皮而幽默的短信、深入心灵的网上聊天、微妙的恭维和略带挑衅的称赞、持续的适量的对你的目标流露好感,你已经完成了"迅速逼近"阶段的第一步。你的目标已经认为你是一个有趣的人,很有意思,看法独到,与众不同。那么,你可以开始进一步了,这是从"空袭"到"地面战"的实质性转变。转变的第一步,就是表白。表白一定要尽量的快。很多人一定要等到十足把握的时候,才肯向女孩表白。要是一般的女孩,如果你的优势明显,容易吸引她,等到你能看出她已经被你迷住再表白,成功率确实很高。可是,你面对的不是普通女孩,而是一个美丽动人的有着众多追求者的

漂亮女孩,如果你仍然需要依靠暧昧的观望来等待时机的话:

1.在你之前,很可能会有其他人表白成功,你永远也等不到恰当时机。

2.给美女造成"这个男人怎么胆子这么小? 他到底喜不喜欢我","他没有男人味"的印象,殊不知,果断是男人的又一特质。

3.错过最好的时机。女人往往是对新鲜事物充满好奇的,在认识一个男人25~40天的时候,如果她对你有兴趣,这是发生关系转变的最好时机。这时候既不是刚开始的双方一无所知,也不是几个月以后的知根知底,两人之间有着若即若离的暧昧,是非常微妙的时刻,这时不表白,你还等什么?

所以,在交往40天左右,你们有了较为深入的了解和暧昧的沟通,你知道她不讨厌你,甚至有一点点的欣赏。所以,你找一个机会,直截了当地告诉她,我很喜欢你,我需要你做我的女友。

作为一个男人,对一个女孩说,"我喜欢你",其实是一件很自然很自豪的事情。当然,你在等待她的结果。结果将会有3种。

1.好吧,我答应你,不过……。这个答案是最好的,起码她已经认可你,愿意和你交往。当然,这样的概论并不算最大。

2.这个……我不知道/我也不知道是不是喜欢你/我们再多了解一点好吗? 这个答案的可能性也很大。客观来说,这个是一个非常乐观的答案,起码他对你的下一步行动给予了默许的认可,是好的预兆。

3.不行,我们不适合/我已经有男友了/我不喜欢你/。得到这个答案的可能性会非常大,因为她是美女,如果你不能在前面几步做得很完美,在这时候你将遇到困难。如何解决这些困难呢? 这有些像打三国游戏,你要把敌方将领劝降过来之前,你必须不断的贿赂和挑拨。在这里,在她答应你之前,你必须不断地增加她对你的好感程度。最起码,你必须要让她不讨厌你。(如果她变得看到你就躲开,那么,你就只能换一个目标,重新从第一步开始做起了。)你必须要有正当或者略带暧昧的理由和她单独在一起。比如,你谎称今天是一个特别的日子,所以你要请她吃东西或者喝水。(到时候你可以说,今天是认识你的第53天,你很开心,也很荣幸。)当然,这样的邀请必须要注意对方的态度。如果她明明不耐烦和你在一起,你还死死地追求,说"今天是我们认识整整两个月……",那你得到的无疑是一阵劈头盖脸的臭骂。

假设你已经能成功的不定期的把她约出来单独见面。这个是极其关键的一步,因为她已经给你提供了战场,让你有机会施展你的各种战术和重型

装备。要知道,美女并不会给每个追求者一次平等的机会哦。

请珍惜你的每一次机会。你的每一个笑话,每一个可以打动她的想法,你的一些小的细节,都可能对以后的战局产生影响。和美女单独在一起的时候,你必须表现出:大胆、专一、果断、有主见、敏感而幽默、富有侵略性和想象力。

1. 果断。女人讨厌犹豫的男人。你在她面前的行为必须表现得洒脱而坚定。从细节看来,你必须果断。比如,决定去哪里玩,去哪里吃饭,你都必须稍做考虑然后立刻决定下来。又比如,一起在操场坐下来,请你千万千万不要在坐下来的时候一遍一遍的吹去石凳上的灰尘,婆婆妈妈的实在太让美女看不起。当然,那些随身携带卫生纸,把凳子擦干净才敢坐下的极品猥琐男人,他们的泡妞资格应该立即被取消。

2. 专一。两个人在一起不免要谈到以前的故事。请你不要把以前你喜欢某个女孩,以前你是如何泡妞的光荣事迹拿出来炫耀。绝对不要在一个女人面前谈论另外一个女人,也不要在她面前贬低或者赞美其他人。总之,你和她在一起的时间里,在你们谈话内容里,如果出现了女人,那么就只能是你眼前的这位美女。

3. 敏感和幽默。敏感的意思是指,你时刻关注对方,察言观色其实是很重要的本领,不单是对女人,在以后的成人世界里,你会发现,察言观色其实太重要了。你要看出对方是开心、欣慰,或者烦躁、不安。这样对你的下一步行动将会有很大的指导意义。幽默就不用说了,你必须要让这个女孩觉得和你在一起开心才行。除非你真的帅得要命,否则没有人愿意和你板着脸约会的。

4. 大胆。比如,丝毫不会因为说"我喜欢你"或者触碰到她的手或者近距离地面对她而让自己感到紧张和尴尬。你把和她的约会看成是非常自然而且美好的事情,你一点都不害怕。你也许不这样想,但是你必须看起来是这样的。

5. 侵略性和想象力。你必须在礼貌和不引起对方反感的前提下,尽量地咄咄逼人。你要让她觉得,你很主动,很积极,你对她表白了,就真的是把她当做你决心交往的女孩来对待。想象力,是指你的思路不要太狭窄,见面就只谈学校里的事情,只谈今天的天气真好啊,你应该想到很多能引起对方兴趣的东西。

6. 主见。女人是害怕承担责任的,所以她们尽量不做决定,而愿意把决定权交给她身边的男人。因此,在一些细节上,你必须体现出你的主见,晚上几点见面,在什么地方,去干什么,什么时候回来,都应该在你的预料和控制之中。从这样的方面,你能够让对方感觉到你像一个真正的男人。

上面说到的这几点,我们也不能在短时间内完全领会,但是我们应该记住这些方法,并让自己朝这个方向努力。

魔力悄悄话

请珍惜你的每一次机会。你的每一个笑话,每一个可以打动她的想法,你的一些小的细节,都可能对以后的战局产生影响。

记住别人的名字很重要

在日常生活中,我们常有这样的尴尬:碰到一个似曾相识的人跟你打招呼时,你却一下子叫不出他的名字来。

这种场合,碰上一次、两次还好,要是碰上多次那就不太好了,可能会有损你们之间的关系,原本很不错的朋友也会因此疏远你。

卡耐基曾经说过:"一个谁都喜欢的女孩,应该记住对方的名字。"名字对一个人来说,应该算是最重要的东西之一了吧。一个人从出生到去世,名字就一直和他缠在一起。人们不能没有名字,因为这是一个人区别于其他人的重要标志。叫响一个人的名字,这对于他来说,是任何语言中最动人的声音。聪明的女人都明白,在与人交往中,记住对方的名字是建立友谊的第一步。

一般人对自己的名字比对地球上所有的名字之和还要感兴趣。记住人家的名字,而且很轻易就叫出来,等于给予别人一个巧妙而有效的赞美。若是把人家的名字忘掉,或写错了,你就会处于一种非常不利的地位。比如说,曾有一个人,有一天莫名其妙地收到一封很不客气的信,是由巴黎一家大银行的经理写来的,因为他曾经把这位经理的名字拼错了。

我们应该注意一个名字里所能包含的奇迹,并且要了解名字是完全属于与我们交往的这个人,没有人能够取代。

有时候要记住一个人的名字真是难,尤其当它不太好念时。一般人都不愿意去记它,心想:算了!就叫他的小名好了,而且容易记。却不知名字尤其是全名对人的意思根本是小名无从比起的。

锡得·李维拜访了一个名字非常难念的顾客。他叫尼古得玛斯·帕帕都拉斯。别人都只叫他"尼克"。李维说:在我拜访他之前,我特别用心地念了几遍他的名字。当我用全名称呼他"早安,尼古得玛斯·帕帕都拉斯先生"时,他呆住了。在几分钟内,他都没有答话。最后,眼泪滚下他的双频,

爱情——有花堪折直须折

他说："李维先生,我在这个国家15年了,从没有一个人会试着用我真正的名字来称呼我。"

李维在尼古得玛斯·帕帕都拉斯这个名字上的良苦用心起到了让他意想不到的神奇效果,也让李维和尼克成了好朋友。

卡耐基说过,多数人记不住别人的姓名,只是因为他们没有下必要的功夫和精力去记忆。他们给自己找借口:他们太忙。既然我们已经意识到了一个人的名字的重要性,我们就要用心去牢记他人的名字,这样,从记住他人的名字入手,和对方相互认识。

据心理学家研究,牢记他人姓名的方法有3个步骤:印象,重复,联想。

1. 印象

心理学家指出,人们记忆力的问题其实就是观察力的问题。肯恩觉得是如此。肯恩对名字重要性的认识,使他觉得印象是首要原则,如果不正确地牢记别人的名字,那简直是不可原谅的无礼行为。可怎么正确地记住呢?如果没有听清其名字,那么恰当的说法是:"您能再重复一遍吗?"如果还不能肯定,那么正确的说法是:"抱歉,您可以告诉我怎么写吗?"

2. 重复

你是不是有过这样的情况,新介绍给你的人在10分钟之内就忘记其名字了? 这其实也是正常的现象,除非多重复几遍,否则,一般人都会忘记。

在谈话中记住别人名字的办法是用多种谈话方式使用他人的名字。比如,莫斯格拉夫先生,您是不是在费城出生的? 如果一个名字较难发音,最好不要回避,但很多人都采取回避的方式。如果碰上一个较难发音的名字,可以问:"您的名字我念得对吗?"人们是很愿意帮助你把他们的名字念对的。

3. 联想

我们是怎么把我们需要记住的事物留在头脑中的呢? 毫无疑问,联想是最重要的因素。我们常常会因自己依然记得儿时发生的事而感到惊奇。

卡耐基开车到新泽西大西洋城的一个加油站加油,加油站的主人认出了他,虽然他们是在40年前见过面的。这太让卡耐基吃惊了,因为以前他从未注意过这位先生。

"我叫查尔斯·劳森,咱们曾在同一所学校。"他急切地说道。

卡耐基并不太熟悉他的名字，还在想他可能是搞错了。他见卡耐基还是有些疑惑，就接着说："你还记得比尔·格林吗？还记得哈里·施密德吗？"

"哈里！当然记得，他是我最好的朋友之一。"卡耐基回答道。

"你忘了那天由于天花流行，贝尔尼小学停课，我们一群孩子去法尔蒙德公园打棒球，咱们俩一个队？"

"劳森！"卡内基叫着跳出汽车，使劲和他握手。之所以发生这一幕恰恰是因为联想在起作用，有点像是魔术。

如果一个名字实在太难记了，不妨问问其来历。许多人的名字背后都有一个浪漫的故事，很多人谈起自己的名字比谈论天气更有兴趣。

现实生活中，如果你交往的对象是显要人士，那么你更应该用心记下对方的名字。自己空闲的时候，就在笔记本上写下别人的名字、交往的日期以及主要事情等等，集中精力记忆。拿破仑三世记名字的办法，是用心、手、眼、耳、嘴。虽然比较麻烦，但是很有效果。说出对方的名字，这会成为他所能听到的最甜美、最动听的声音。

魔力悄悄话

一般人对自己的名字比对地球上所有的名字之和还要感兴趣。记住人家的名字，而且很轻易就叫出来，等于给予别人一个巧妙而有效的赞美。若是把人家的名字忘掉，或写错了，你就会处于一种非常不利的地位。

面对搭讪，要有绝对的自信

无论是初遇或者是多次见面，许多人都有可能遇到自己感兴趣或者第一眼有好感的人，但是，相当一部分人在遇到这样的缘分时，却止步于前，丧失了一次大好的姻缘机会。从某种程度上来说，这是一种缺乏自信和勇气的行为。

要增加搭讪的成功率，那就需要"绝对的自信""增加对方对我们的熟悉度"，以及"创造对我们有利的场景"。后两个因素虽然十分重要，但是，往往可遇不可求。这其中只有"绝对的自信"才是我们自己可以真正掌握的。大部分的人不敢搭讪、不去搭讪，说穿了，其实就是缺乏自信，这又可以分成两点来讨论。

首先，很多人不够爱自己，总是以为自己不够好，所以不敢把自己大方地摊在异性面前接受别人的检验。最糟的是，他们被教育去相信"会搭讪的人都是不好的"以及"搭讪是件坏事"等蠢话，所以看到自己想认识的异性时，只能裹足不前，因为他们觉得自己不应该去当坏人。

更要不得的，就是他们怕被异性拒绝。他们把自己的价值，建筑在异性对他们的认同与不认同上，好像别人接受他们搭讪的话，他们就是成功的人，别人拒绝他们的话，他们就是失败的人。这真匪夷所思。

我们的价值是由我们自己决定的，我们认为我们是一个什么样的人，我们就是什么样的人，别人不能决定我们的价值。我们想认识的异性，愿意和我们交朋友最好，不愿意的话是她的损失，我们做了对得起自己良心的事（去认识她），就已经很了不起，值得鼓励了。

话说回来，"增加对方对我们的熟悉度"和"创造对我们有利的场景"，也确实对我们搭讪的成功有着极大的帮助。在以下的篇幅里，除了告诉大家如何一步步建立自信外，更能让我们培养使对方"自然而然"地增加对我们的熟悉度，以及让我们随时创造对我们有利场景的能力。

在我们还没有勇气到街头实际行动之前，是可以在家做搭讪练习的。

可是怎么练习呢？其实很简单。就像参加演讲比赛前,会对着镜子练习一样,我们就在家面对着镜子练习。任何的专家,都是反复练习同一件事或同一个动作,才成就了后来的专业。和异性说话要能够完全不怕生,当然需要更多的练习。在家里面除了对着镜子练习说话之外,我们在脑中还要设想搭讪时会遇到的场景。我们可以先站在镜子前面,闭上眼睛,设想正在公交车上或城铁上,看到了一个我们很想认识的异性,然后突然睁开眼睛,仿佛她/他就在我们的眼前一样,然后开始和她/他对话。

当然,因为我们睁开眼后看到的是自己,所以可能并没有办法感受到临场时的压迫感和怯懦感,因此可以侃侃而谈,但在现实生活中,我们一定还是没有办法和那位异性说话。这个时候,可以改变方式,要么是继续闭上眼,用幻想的方式使她继续在我们面前,然后我们用口语来表达我们想认识她的意思;或者,我们可以戴上林志玲、萧蔷或是任何我们喜欢的女(男)明星的面具,来增加临场感。

还有一招,那就是请自己的好朋友或弟、妹,来充当我们想要认识的异性,对着他们练习。这不但更有临场感,也可以请他们纠正我们说话的声音、速度和方式。

对着镜子练习最大的好处是,我们可以看到自己的仪态举止,听到我们的声音语气。对着镜子练习,我们马上就可以知道,自己在说话的时候,是不是会乱动、乱眨眼、乱摸头发,或者摆出一副没有自信,等着别人来拒绝我们的表情。

另外,这还可以改善我们说话时的声音和语调。如果我们在镜子前面练习的时候,声音就小得像蚊子一样,或者我们会结结巴巴,那么我们在喜欢的异性面前说话时,这种情形就会更明显。反复地对着镜子练习,就是克服这种恐惧的最好方法。

魔力悄悄话

搭讪是我们自身魅力的全方位展示,成功的搭讪会让自己变得更自信,更富有魅力。

女性通过嗅觉选择男性

都说男性是通过视觉选择了女性,那么女性就是通过嗅觉选择了男性。无论是恋爱前还是恋爱中,感情的调动是很复杂的,这种情绪或者说感受是一种全身的反应。心动的感觉,充分调动了感官和心灵的契合。

在女性中存在一种奇怪的现象,那就是她可能会不自觉地被某个男性吸引。但是,对方的外在或者是内部条件都不是十分的优秀,可不知道为什么,就是很在意对方,他的影子老在脑海中盘旋。实际上,这种状况可能和"信息素"(也音译作"费洛蒙")存在某种联系。所谓"信息素",是同物种之间,个体对个体产生影响的化学物质的总称。以昆虫为例,它们就利用信息素进行各种交流。信息素也分很多种,对异性的性感觉产生影响的信息素被称为"性信息素"。"性信息素"事关子孙繁衍的大计,所以也是信息素中最强有力的一种。

感知信息素的器官是位于鼻子深处的雅各布森器官,也叫作锄鼻器。许多嗅觉灵敏的动物,比如猫、狗、老鼠等很多动物都具有这一器官。人类只有在胚胎期有,之后随着成长成熟不断退化。那么,从理论上讲,此器官已经退化的人类就无法感知信息素了?

事实并非如此。曾有科学家进行过一项实验,事先在椅子上喷洒性信息素,然后让女性随意选择椅子坐。结果发现,女性更喜欢坐喷洒了性信息素的椅子。与女性相反,男性会下意识地避开喷洒了性信息素的椅子。在某个电视节目中也进行了类似的实验。首先让多名男性穿上准备好的 T 恤衫,其中只有一件滴上了信息素,然后让蒙上眼睛的女性来选择。结果,女性选择了穿着信息素 T 恤衫的男性。而男性似乎对信息素完全没有反应,并没有发觉 T 恤衫存在差异。感知到信息素的女性,脑内的多巴胺分泌增加,从而陷入兴奋状态。所以,感知到男性信息素的女性,有可能会产生对爱情的渴望感。

最近,科学家们通过研究还发现,某种"气味"也是女性选择男性的标准之一。这就是 HLA 的气味,HLA 是 Human Leukocyte Antigen 的缩写,即人类白细胞抗原,对人体免疫起到重要作用。多数女性为了基因和安全的问题,会选择与自己的 HLA 类型在原则上不同、但又存在某些相似之处的男性。

HLA 不是所有人都相同的,每个人的 HLA 类型都不一样,正因为如此,每个人身上散发的气味也不同。研究人员发现,女性在寻找异性伴侣时,能够"嗅"出对方的 HLA 类型。女性不喜欢与自己 HLA 类型相近的异性气味,而喜欢与自己不同气味的异性。我们可以用"传宗接代"的法则来理解这一现象:与 HLA 类型不同于自己的人结婚,生出的孩子可能具有更多种 HLA 类型,从而可以抵抗更多的疾病。

但是,与自己完全不同 HLA 类型的男性,多数女性也不会予以考虑。因为与差别太大的异性结合,对基因也存在一定风险。HLA 类型完全不同的人,可能属于不同的民族,而不同民族的人可能携带未知的疾病。

人的 HLA 类型分别从父亲和母亲那里各遗传一部分,有实验表明,女性喜欢那些与自己从父亲那里遗传来的 HLA 类型相似的男性。由此可见,女性喜欢和自己父亲相似的男性,这也为女性的恋父情结找到了一个合理的理由。性信息素让女性憧憬爱情,而 HLA 类型的气味则是女性选择男性的重要依据。

魔力悄悄话

女人靠嗅觉选择男人,也不是什么天方夜谭或者诡异事件,而是有其科学依据的。

没人会拒绝你的微笑

有这样一个心理学实验：

他给两个人分别戴上一模一样的面具，上面没有任何表情，然后，他问观众最喜欢哪一个人，答案几乎一样：一个也不喜欢，因为那两个面具都没有表情，他们无从选择。

然后，他要求两个模特儿把面具拿开，现在舞台上有两张不同的脸，他要其中一个人把手盘在胸前，愁眉不展并且一句话也不说，另一个人则面带微笑。

他再问观众："现在，你们对哪一个人最有兴趣？"答案也是一样的，他们选择了那个面带微笑的人。

这个有趣的实验足以证明微笑的魅力。有位世界名模也曾说过这样一句话："女人出门时若忘了化妆，最好的补救方法便是亮出你的微笑。"微笑是女人所有表情中最能给人好感、增加友善和沟通、愉悦心情的表现方式。一个女人的微笑，能体现出她的热情、修养和魅力，从而得到别人的信任和尊重。

微笑，本不是女人的专利，但当女人从心底发出微笑时，却足可以让灰暗的天空焕发出亮丽的光彩，让平庸的世界创造伟大奇迹。就如达·芬奇的名画《蒙娜丽莎》中，那只属于女人的神秘而安详的微笑，迷了世人几个世纪。

在中国，历来都有"回眸一笑百媚生"的说法。不管你是"艳如桃花"的绝代佳人，还是长相平平的淑女，只要有微笑，就会增加在别人心目中的美好印象，一笑即生万种风情！

微笑是一种良好的社交风范，是高超的社交技巧之一。带着微笑面孔的女人，会有成功的希望。因为她的笑容就是她传递好意的信使，她的笑容可以让所有人看到她的诚意,并乐意与她交往。

江丽是皮肤黝黑光滑、身材微胖的年轻女孩,从外表上看来,并不很漂亮。但是,性格直率、开朗大方的她却以她的微笑征服了所有的人,无论是在生活上,还是在网络上她都拥有很多的朋友。

江丽是一个闲不住的人,她喜欢每天忙忙碌碌地生活。所以,尽管她的生活条件比较优越,她却毅然走出家门开了一间小茶吧。茶吧的生意十分兴隆,因为江丽在面对顾客时不仅热情周到,而且始终不忘亮出她的金字招牌——微笑。

她的微笑为她引来并留住了许多顾客,甚至有一位60多岁的老大妈还会经常光顾江丽的茶吧,她对江丽说:"我每天转到你这里,就想来坐坐,因为很喜欢看你笑!"

在网上,也曾有男网友说过:"最喜欢看江丽的微笑!"因为江丽每次在聊天室打开视频时,都会情不自禁地微微一笑,那美丽的微笑就像一朵娇羞的水莲花,让人如沐春风。

人的容颜总有一天会衰老,人的身材也总会走样,但一个人美好的微笑却永远不会老。每天开心地微笑的女人才是最聪明的女人,也是最美丽的人!

微笑在社交中是能发挥极大功效的。无论在家里、在办公室,甚至在途中遇见朋友,只要你不吝惜微笑,就会收到意想不到的良好效果。难怪有许多专业推销员,每天清早洗漱时,总要花两三分钟时间,面对镜子训练微笑,甚至将之视为每天的例行工作。

微笑是自信的动力,也是礼貌的象征。人们往往依据你的微笑来获取对你的印象,从而决定对你的态度。只要人人都不吝啬自己的微笑,人与人之间的沟通将变得更为容易。

有些人在第一次见面时,通常会有一种不安的感觉,存有戒心,唯有真挚友善的微笑,可以消除这种心理状态。

微笑是友好的象征,是人际关系的润滑剂,一个人脸上时常浮现微笑,会令人感到心中十分温暖。

微笑正是打开愉快之门的金钥匙,是面对人生的最好的勇气。发自内心的微笑是女人美好心灵的外现,也是心地善良、待人友好的表露,是一个人有文化、有风度、有涵养的具体体现。懂得对自己微笑的女人，她的心灵天空将随之晴朗；懂得对别人微笑的女人，将会拥有美丽的人生！

如果你觉得你本身没什么长处，那你就从现在开始微笑吧！因为"世界像一面镜子，当你向它微笑之时，它必以笑颜回报"。

魔力悄悄话

我们要记住，学会微笑的女人，就是最美的蒙娜丽莎；懂得微笑的女人，她将拥有价值百万的无形财富！

收敛锋芒,提升受欢迎度

我们总是说自己没有遇到命中注定的那个人,其实,很多时候,不是我们的生命中没有出现,而是出现了之后,要不就是你没有发现,要不就是自己无意中把对方赶走了。这时,我们可能会觉得委屈,自己或许存在外形或者性格上的缺陷,这是很难改变的事情,要改也不知道从何人手。或许,你避免不了外形与性格的缺陷,但是却能避免人际处事中的不足,以此来提升自己的受欢迎度,在人际中制造完美的邂逅,也是一种时刻为爱准备着的状态。

现在有的人很自以为是,动不动就在别人面的标榜自己,"王婆卖瓜,自卖自夸",尤其在她们取得了一点成绩或者有着别人没有的优势后更喜欢卖弄、炫耀,似乎深恐"无人不知,无人不晓"。殊不知,你越张扬别人越不买账,你越卖弄后果可能越不堪设想。

中国有句古话叫:"显眼的花草易遭摧折。"说的是,越显眼出众的人(或事物)越容易遭到破坏。一个声名显赫的人物,越张扬越容易遭贼算计;一个人越爱自吹自擂,越容易让人看着欠扁。

要想不"惹是生非",最好的办法就是收敛自己的锋芒,平和待人,让别人时时有备受敬重的感觉,这样不仅能免遭祸患,更能赢得别人真心的认同和尊重。这方面,何晶堪称典范。

接受记者采访时,何晶给记者讲了一个寓言故事:两只大雁与一只青蛙结成了朋友。

秋天来了,大雁要飞回南方,三个朋友舍不得分开。大雁对青蛙说:"要是你也能飞上天多好呀,我们就可以经常在一起了。"青蛙灵机一动:它让两个大雁衔住一根树枝,然后它自己用嘴咬住树枝中间,三个朋友一起飞上了天。

地上的青蛙们都美慕地拍手叫绝。这时有人问:"是谁这么聪明?"那只青蛙生怕错过了表现自己的机会，于是大声说："这是我想出来的……"话还没说完，它便从空中掉下来了。

何晶是新加坡总理李显龙的夫人，随着李显龙的宣誓就职，何晶也开始走到了新加坡的政治前台。何晶是位精明能干却始终保持低调，尤其不愿被媒体曝光的商业女强人，因此她的身世和成就，在新加坡鲜为人知。如今，随着夫君正式宣誓就职，何晶不得不开始在媒体面前"曝光"。

不过，如果稍加留意就不难发现，在美国《财富》杂志首次选出亚洲25位最具影响力的企业家排行榜上，何晶排名第18位，与索尼集团行政总裁出井伸之、日本丰田汽车社长张富士夫及香港富商李嘉诚齐名。只是当时并没有多少人将她与李显龙联系在一起。

身为新加坡官方最重要的投资控股公司——淡马锡控股公司执行董事的何晶，目前掌管着新加坡遍布全球各地的数百亿美元资产。淡马锡控股公司成立于1974年，下辖大型企业包括新加坡航空公司、新加坡电信、新加坡发展银行乃至世界有名的新加坡动物园等。

作为新加坡的第一夫人，何晶却喜欢朴素装扮，她经常留着一头短发。何晶曾在美国接受电子工程教育，因此她也是一位出色的政府学者。在1985年嫁给李显龙时，何晶正在新加坡国防部任职，当时李显龙刚以准将一职自军中退役。

试想如果何晶当时锋芒毕露，刚退役的李显龙怎么可能会爱上她，怕是早就敬而远之了。

女人，不应把自己太当回事，坦诚而平淡地生活，没有人把你看成是卑微、怯懦和无能的。如果你老是把自己当作珍珠，那么就时时有被埋没的危险。

做人还是谦虚一些好，谦虚往往能得到别人的信赖。谦虚，别人才不会认为你会对他构成威胁。

谦虚不仅是人们应该具备的美德，从某种意义上说，谦虚也是获胜的力量。尤其在双方地域不同、文化背景各异的情况下，偶然一句"我不太明白""我没有理解你的意思""请再说一遍"之类谦恭的言语，会使对方觉得你富有涵养和人情味，真诚可亲。

越是有成就的人，态度越谦虚，相反，只有那些浅薄地自以为有所成就的人才会骄傲。为此，俄罗斯的列夫·托尔斯泰做了一个很有意义的比方：

"一个人就好像是一个分数,他的实际才能好比分子,而他对自己的估价好比分母,分母越大,则分数的值越小。"

越是谦逊的人,你越是喜欢找出他的优点;越是把自己看得了不起,孤傲自大的人,你越会瞧不起他,喜欢找出他的缺点。所以,平时你要谦逊地对待别人,这样才能博得人家的支持,为你的事业奠定基础。当你以谦逊的态度来表达自己的观点或处理事务时,就能减少一些冲突,容易被他人接受。

魔力悄悄话

每个人都非常重视自己、喜欢谈论自己,都希望别人重视自己,关心自己,如果你在和别人交往时,表现出一种谦虚的精神,让他谈出自己的得意之处,或由你去说出他的得意之处,他肯定会对你产生好感,并有机会展开进一步交往的。

与人交往,得理也要让三分

邂逅可能是一瞬间的火花碰撞,同样也可能是一种需要自己精心培养的过程。一见钟情的事情不常发生,但是日久生情的事情却是有的。每个人都希望自己的恋人是一个可以信赖依靠的理性的人,不会动不动就争论逼人。所以,培养一个沉稳的交际形象,是防止邂逅时措手不及的必然准备。试想,如果我们正火冒三丈地和别人争论不休,却又恰好被迟迟不敢主动认识的心仪已久的对象看见时,这是多难堪的一件事。或者,我们已经和想要发展关系的人认识了,却因为自己争强好胜的性格把对方吓走,这又是多么得不偿失的行为。

著名的哲学家、教育家苏格拉底曾经说过:"一颗完全理智的心,就像是一把锋利的刀,会割伤使用它的人。"在这个世界上,没有完全绝对的事情,就像一枚硬币一样具有它的两面性。这就告诫我们做人做事都不要太绝对,要给自己和他人留有余地。

在一个春天的早晨,房太太发现有三个人在后院里东张西望,她便毫不犹豫地拨通了报警电话,就在小偷被押上警车的一瞬间,房太太发现他们都还是孩子,最小的仅有 14 岁!他们本应该被判半年监禁,房太太认为不该将他们关进监狱,便向法官求情:"法官大人,我请求您,让他们为我做半年的劳动作为对他们的惩罚吧。"

经过房太太的再三请求,法官最后终于答应了她。房太太把他们领到了自己家里,像对待自己的孩子一样热情地对待他们,和他们一起劳动,一起生活,还给他们讲做人的道理。半年后,三个孩子不仅学会了各种技能,而且个个身强体壮,他们已不愿离开房太太了。房太太说:"你们应该有更大的作为,而不是待在这儿,记住,孩子们,任何时候都要靠自己的智慧和双手吃饭。"

许多年后,三个孩子中一个成了一家工厂的主人,一个成了一家大公司的主管,而另一个则成了大学教授。每年的春天,他们都会从不同的地方赶来,与房太太相聚在一起。

房太太就是"得理让三分"的典范。

"人活一口气,佛争一炷香。"这是一个人在被人排挤,或者被人欺侮时,经常说的一句急欲"争气"的话。

其实也未必如此,试想一下,一个人究竟能有多大的气量?大不了三万六千天,这还是极少数。就像古代名人张英说的那样,"万里长城今犹在,不见当年秦始皇"。"千里捎书为堵墙",却不如"得饶人处且饶人,让他三尺又何妨"。这方面,不管是古人还是今人,有好多值得我们学习的地方。

"得理不让人,无理搅三分。"这是普通人常犯的毛病。其实,世界上的理怎么可能都让某一个人占尽了?所谓"有理""得理"在很多情况下也只是相对而言的。凡事皆有一个度,过了这个度就会走向反面,"得理不让人"就有可能变主动为被动,反过来说,如果能得理且让人,就更能体现出一个人的器量与水平。给对手或敌人一个台阶下,往往能赢得对方的真心尊重。

魔力悄悄话

一个人不仅要自己的胸怀宽广,度量恢宏,在与人交往时更要注意别人的自尊。一个人如果损失了金钱,还可以再赚回来;一旦自尊心受到伤害,就不是那么容易弥补的,甚至可能为自己树起一个敌人。"得理且让人"就是要照顾他人的自尊,避免因伤害别人的自尊而为自己树敌。

别抱着照片找伴侣

　　两个人相处,有些人总在心里感受到对方好的一面,而有些人却总是抱怨这抱怨那,总觉得对方欠自己的。这样截然不同的两种态度,其背后又有什么意义呢?

　　那种总是在心里感受对方好的人,开始的时候也许是按着心中的幻象去找。可是当感情开始发展后,他们把注意力从心中的那个幻象移到对方的身上。他们开始注意对方那些已经拥有而自己以前没有注意、让自己感觉满意的地方,他们还会从对方身上发现一些对方拥有的、比自己标准更好的、对自己更有意义的东西。这样,他们把对照片的重视,慢慢地转移到对方的身上。

　　如果抱有这种心态,那么即使是包办的婚姻,也可以培育出恩爱的感情来;反之,就是些青梅竹马的婚姻也会走向失败。老是抱着那幅照片找伴侣,容易与现实脱节,结果是一次又一次的失望,每次之后心中的热情越来越少,也许会孤独地度过晚年生活,或者无力地生活在一份失望的婚姻里。

　　总是挑刺的人,百分之百爱的是自己心中的幻象,而不是眼前的那个真实的人。我们在成长的过程中,总会听到很多"理想对象应该是怎样"的概念,这包括外貌、语言、行为、态度、对事物的反应、心态、个性、兴趣、习惯,以及对人生的期望等。这个理想的对象是不会改变的,只是时间长了颜色会褪去一些,或发黄了。

　　可是人总是在不断地改变,每分钟都会有不同,与那心里的标准比较,变化越来越多、差距越来越大,怨言也就越来越多。但是我们的幻象基本上还是那个样子:男的心里是"白雪公主"的样子、女的心里是"白马王子"的样子。总而言之,就是要够完美。这份"完美",往往是不会真的存在,就算有,也不会给家庭或者人生带来幸福和快乐。

　　例如,"我什么时候不开心,他都会马上放下手上的事,过来安慰我",或者"她总是那么柔顺地在我身旁跟随着我,什么都听我的"。所有这些都只不过是不切实际的幻想。然后，无论男女都凭着心中的幻象到处寻找，终于找到一个很符合的样子的，把心交给他/她，终于结婚。千辛万苦找到之后，便以为以后会有幸福的生活了。可是很快地，他/她会发现，曾经心中完美的对方开始变得并不完美，很多曾经没有显现的缺点开始暴露出来，而那些优点也开始变得虚无缥缈。

所以，心中的幻象也许可以用做开始找对象时的标准，但是，要懂得把它放下，特别是当已经遇上一个让自己满意及感觉很好的人时。只凭那个人本身的条件冷静认真地思考一下：那些条件，是否能够在漫长的岁月里和自己配合，共同创造成功快乐的人生。这个时候，也许更应该把这个僵硬的模子放在一旁。

魔力悄悄话

找未来的那个他，很多时候不是通过一个标准和幻象就能找到。而且我们反思一下这样的模式，就算里面的人是一个完美的对象，但是也要问问自己：自己够不够完美？能不能配上一个完美的对象？

第四章
如何对型男释放好感

互爱需要在给予与接受之间取得平衡,自发的无私是爱的本质。

真正的爱要求我们把握自己的需要,同时对对方的需要作出反应——不是无休无止的,不是单方面的,而是经常的。

事实上,当我们给予对方而不是接受时,会更感到我们"在爱恋中"。

最幸福的婚姻来自那些百分之百给予,又百分之百接受的夫妻。

优秀的伴侣是给你任何帮助不用说感谢的人。

善用 MSN 小图，小兵立大功

HSN 是现代人最常用的沟通工具了，甚至比电话还常用。

如果你收到对方传来的"超快乐水球"，你可以确认他是个快乐的时候会很想与你分享的男人，也能推测出他对你有一定的好感度。这时候，实时的响应和响应的内容，就会决定你在他心中能不能好感度加分！倘若，你接到对方分享的讯息，而你丢回去的水球只有一两个字，类似"嗯嗯"或"哦"这种，会让对方感觉你心情不好或不喜欢他。如果每次都是只有这种响应，你会给对方一种冷酷的感觉。或许你心里并不是这么想的，你或许已经笑过一遍了；或许你正在忙还没看，正准备等一下再看；或是他的分享其实有点冷，而你脸上是很僵的笑脸……这些都有可能发生。但是，请注意！MSN 是以文字来传达的，对方看不见你的表情，如果你只丢一两个字回去给他，他有 99.9% 的概率猜不中你的心情，而且有 99.9% 的可能性，下次就不传类似的分享给你了。

这样经由 MSN 造成的误会，还真的是不胜枚举啊！当然，你会问："那 MSN 本来就是看不见对方啊，办公室里又不能用视讯，那怎么办呢？"如果你对他有好感，请尽量收集一些可爱的 MSN 小图，来取代这些响应的字，并在交谈中间尽量将语气拉长一点，口语一点，自然一点。像"啊，为什么会这样啊？"就比"啊？"来得好，"好～～"就比"好"来得好。再搭配一些可爱的 MSN 小图（最好是微笑的表情），就更完美了！你或许不知道，透过 MSN 营造对方的好感度，这样也是在放电哦！

魔力悄悄话

传达爱意，不限于见面时才可以，放电，可以很不露痕迹！

怎样通过实际距离拉近心理距离

恋人和非恋人之间的距离是不一样的，这是因为两人关系亲密度，会不由自主地让彼此在相处时产生不同的距离。而反过来，距离也会影响两个人的心理关系，这就好比你更愿意向邻居借东西一样，办公室或者同学校更容易出现情侣。

心理学研究表明，46~61厘米属于私人空间。比如，女友可以安然地待在男友的私人空间内，若其他女性处在这一空间内，她就会显得不高兴，甚至会大发雷霆。同样，男友也可以自由自在地待在女友的私人空间内，若其他男性进入这空间时间稍长，他也会有情绪上的不安。

恋人、父母与年幼子女、小孩子之间以及在一些场合中朋友之间，最佳亲密距离是45厘米。这样的一个距离中，我们可以感受对方的体味、体温，这已经是很亲密的距离了。所以，若是与情人约会，可千万不能超过46厘米，否则对方会觉得你疏远了他/她，对他/她没有热情，可能引起情人间的误解。

距离会对两人的关系和心理产生微妙的影响这一点，我们应该把握住这个信息点，更应该有效利用这个信息。

首先，我们要学会利用彼此的距离判断两人的心理想法。如果对方能很自然地、长时间地接受两人之间的距离在45厘米以内，那么，说明他对你还是有好感，并且两人还是很有发展前途的；如果对方接受的距离是45~75厘米，那说明还有一线希望；如果对方无法接受你长时间地出现在自己75厘米以内的范畴，那么两人之间的关系就还需要你继续努力了。

另外，对于自己的恋人来说，利用距离来增加亲密度，这其中的一个小技巧是——从两边或者斜后方靠近恋人。

这时，我们可以利用男性的"领域"来靠近对方。男性的领域就是对于男性来说的一个亲密圈，这是一个类似于防护圈意义的范围，只有让对方打消心理防卫的人，才能进人的距离圈子。男性的"领域"是前方最大，有150

厘米,左右各 100 厘米,后方为 80 厘米左右,这就形成椭圆。从这个距离来讲,与从正面靠近相比,从左右靠近或者从后方靠近更能减轻对方的不愉快和戒备感。因为男性的领域是椭圆形的,而他大概处在椭圆中心偏右的位置,这时他的斜后方最薄弱,所以主动出击的时候从斜后方靠近他是基本策略。试试突然紧紧抱住他,让他把你背起来吧。

相较于男性来说,女性就较容易靠近。因为女性的"领域"可看做是半径为 60~70 厘米的圆形。这个防卫范围相对要小一点。

所以,如果是同性陌生人,男性可以从两边 30 厘米左右的位置靠近另一位男性,而女性在半径 70 厘米以内很难靠近另一位女性。同性之间相互排斥的现象,在女性中表现得比较强烈。如果是异性陌生人,男性靠近女性比较容易,而女性靠近男性则比较难(男性的"领域"相对较大)。

魔力悄悄话

在实际生活中,利用实际距离增进心理距离也不是什么难事,比如,可以去电影院,因为电影院的座席都是可以加深两人亲密度的,这也正是利用了从两边可以顺利靠近对方这个原理。在电影院中,即使肩膀和胳膊肘相互碰撞也不会觉得不自然。通过这种方式进入他的"领域",确实能够加深亲密感。当他已经习惯你处在他的"个人领域"之中时,你们之间的关系也就会更加牢固。

第一感觉很重要

第一眼绝对要看得顺眼，才有发展出友情与恋情的可能。

或许你也听有的情侣说过："我跟他刚认识的时候，两个人都超讨厌对方的！没想到后来居然在一起。"我可以很明白地告诉你，这是不可能的状况。在他们第一眼交会的瞬间，对双方的外表与散发的气质，一定是互有好感的，只是因为某个事件，才暂时阻挡了他们心中爱的感觉，等到那个事件一平息，爱意就在彼此心底慢慢浮现了。

就像女人普遍会被五官轮廓分明、外表打扮像是有社会地位和经济实力的男人所吸引，男人也会对看起来有魅力、外表散发出一种美丽气质的女人吸引。在这个标准下，女性容貌代表是奥黛莉·赫本与梅格·瑞恩，男人代表则是汤姆·克鲁斯，几乎吻合五官的黄金比例。

举这个例子，不是说长得离奥黛莉·赫本或汤姆·克鲁斯很远的人都去整形算了！而是要告诉你，就算你的眼睛长得小小的，鼻子不够挺，只要它长在恰当的位置上，你依然是男人眼中的性感美女哦！而且，适度的打扮会为整体的甜美和顺眼度加分。专家说："在男人或女人的脑海里，都有一幅理想对象的构图，当看到吸引自己的对象出现后，就会将那个人的外貌、特点，与自己脑海中的拼图进行比对，一旦与构图吻合，便会立即展开追求攻势。"

★魔力悄悄话★

不管你的外貌如何，都可以利用目前流行的发型、衣饰、妆感来让自己的顺眼度提高，至少不会呈现出与这个世界格格不入的感觉。这样一来，当那个"对的人"出现，你才不会错失发展新恋情的机会。

从小地方对他放电

你或许不知道,为什么约会的时候,男生都会约女生去餐厅共进晚餐吧?

如果我说,男生很喜欢看女生边用餐边交谈时不停动着的嘴唇,那会让他们产生快感,你会不会感到很意外?

这也就是为什么唇形丰厚的女孩,笑起来会特别有性感魅力的原因。

除了嘴唇之外,你的全身上下还有许多可以发出电波的小地方哦!

一、走路的时候,请抬头挺胸。

无论你在家里是把脚跷在沙发上吃饭,或是弯腰驼背看杂志,只要走出门,请你缩紧小腹、抬头挺胸,因为这样会让身材曲线变美,营造出一种女性专属的美感。

二、坐着的时候,不用双腿一直并拢,那样很累! 可以偶尔换换坐姿,交叠双腿,反而能平添性感魅力。

三、撩拨长发,玩弄发梢。

绝大部分的男人真的对长头发无法抗拒,只要看见女生在玩头发,他也会很想一起玩。你玩头发时,会挑起他一种想保护你的欲望。

四、眨动睫毛,睁大眼睛。

就像你在自拍时那样,为什么会刻意把眼睛放大? 因为你知道这样拍出来的效果更漂亮,更惹人怜爱,更能吸引异性注意。

五、迷死人的微笑。

也是自拍时的原理,你不要大笑,可以稚气地笑、温柔地笑、微微嘟嘴似笑非笑,都是做起来不费吹灰之力,却能迷死人不偿命的高招啊!

六、玩弄胸前项链。

这招最高! 有些猎男高手很自然地就能在与男人的交谈当中,用手拨弄起胸前的项链,这充满着暗示的小动作,能把男人的目光定格在她若隐若现的乳沟上,完全无法挪开分毫。

不过,如果你做起来会觉得别扭,我提供你一个不会那么害羞却能达到相同功效的方式,那就是夏天时,把头发撩起来,露出你洁白的颈部,一边拿手帕轻轻地拭着脖子到胸前的汗水(请注意,要轻轻的哦!),他一定目不转睛地看着你,心跳加速!

魔力悄悄话

善用女生的小性感,会让你的电力增强百倍,令他无法挡哦!

不要漏接他的"回电"

女生会放电,男生自然就会回电啰!记住他常用的回电方式,你会更确信他的心在响应你的呼唤。

一、如果他的眼光向你直射过来,与你四目相接却没有想闪躲的意思,你可以确定有50%的可能性,他已认识你或对你有好感。

二、如果他与你四目相接,而且面带亲切的微笑地看着你,那你可以确定有90%的可能性,他有想与你交往的欲望。另外那不可能的10%状况,会发生在你正后方刚好有位他的朋友正在向他挥手,或是你正后方是一面镜子……这种时候。

所以,我们可以说,只要一个男孩子凝视你超过三秒钟,眼神不闪躲且面带亲切微笑,就表示你可以放胆去鼓励他可以走近你身边,或更进一步地相互认识了。

而你采取的鼓励方式,只要给他一个灿烂微笑就可以,其余的就看着办了,千万别自己自动走过去啊!

三、如果他正和一大帮朋友在一起,即使他对你有意思,也抛出了讯号,但他或许也不会立刻走向你。可是,等你去上洗手间或是稍微离开座位再回来时,你很可能会看见桌上有张小纸条,上面写着他的联络电话,偶尔加上一句:"可以和你做朋友吗?"这一招,是情窦初开的高中生最爱用的,带点小游戏的味道。

四、如果你发现有一个男人不仅眼神朝你探过来,而且坐姿突然改变成贴直椅背或挺腰站立,展示着他上半身的胸部肌肉线条,那么他对你有性欲望的企图非常明显。但是,这种人只是觉得你对他有性吸引力,说不定是个老练的爱情玩家,女孩子要特别小心注意哦!

五、如果他正在抽烟,突然把玩起打火机或者吐烟圈,或是抽烟姿势故意调整得很有魅力,总之特别强调唇部的动作,这就像公孔雀开屏或是公瓢虫挥动花翅膀张开一样,是在吸引你的注意。

爱情——有花堪折直须折

这些都是男人常用的放电暗号，但如果他正好身着名牌，或是能营造出身份地位较高的全套西装，那有可能是爱情游戏高手，正在出来寻觅猎物，你可要小心自己成为被野狼吃掉的小红帽了。

总之，一个人的眼神是骗不了人的。

魔力悄悄话

如果一个男人是真心想追求你，他的眼神会透露出诚恳，而不会是拼命想营造一种性感朦胧或电死人不偿命的杀手氛围。你可以从对方的眼神是不是故意要强调自我的性感，来判断是否响应他释放的电波。

恰当的环境,有助于提升好感

有没有注意到,浪漫恋情的发生,通常不会在高温 37℃ 的大马路上,也不会发生在黑漆漆的半夜暗巷中,更不会发生在嘈杂的传统市场,以及飞满蚊子臭气冲天的垃圾场边?

原因,就在于两个字——气氛。

气氛,对于情愫的催生和滋长,具有决定性作用。

拥有好气氛的环境,会使人身心得到放松和安全感,进而专心去寻求到灵魂上的满足。

一个身心都无法放松的人,是不会想要谈恋爱的。就像一个为了家庭生计而拼命打工赚学费的男同学,他是不会想要在这时候再找一个女朋友来惹麻烦一样,因为他连生活都无法满足了,怎么可能会想追求再高一层的精神境界的满足呢?

当然,也会有意外发生的时候,而这样的意外恋情,通常会发生在他的工作场合中。

因为在工作环境中,他的身心处于安全踏实的状态,他知道自己一定要在这段时间里在这里工作,所以心情会很熟悉而自然。

在这种安全感的保护下,他就有可能跟身旁的女同事谈心,而在彼此分享的过程中互相产生了好感,自然地变成了一对恋人。

这也就是环境对恋情催生与发展的重要性。

一个能令人身心放松的环境,才可能促使一段恋情萌芽,否则,再怎么适合的人也会像在两个平行的时空中相遇,擦不出任何火花。

我的朋友中,虽然有一些是在 Lounge bar 里找到她们的真爱,但更多是在诚品书店里,选书看书时相遇的。

想不到吧?因为那里灯光美、气氛佳,又有音乐和咖啡香,当你和他并肩站立,伸手要拿书架上的同一本书时,那种意外的手指碰触,默契的眼神交会,然后腼腆地相视而笑,恋爱的感觉就自然产生了。

此外,黄色的灯光有一种苹果光的效果,可以把人的皮肤修饰成"BB肌"的粉嫩效果,让男人的脸部轮廓更立体,女人看起来更漂亮,再加上音乐营造的浪漫氛围,一切都对了味。

魔力悄悄话

如果你正渴望一段新恋情,可以试试化点淡妆,到书店走走逛逛,可能会比上夜店更适合你,概率也更大哦!

用对的眼神接触

如果一个男人直视你三秒钟,都没有移开视线,那么他对你的企图心显而易见。如果一个女人直视男人超过三秒钟,都没有移开视线,那么她在男人心中的地位立刻降了好几格。为什么会有这种差别呢?那是因为,男人在人类发展史中一直都是扮演着猎人的角色,他们天生有着猎人的性格。

猎人相中的猎物,能成功捕猎到的猎物,通常都是在猎人的凝视瞄准下,却依然漫不经心、没有察觉到猎人的存在,这样的猎物,才会挑起他们想狩猎的欲望,而且他们知道胜算极大!

因此,聪明的女孩子一旦察觉到有男人在注视着她时,她会缓缓地将视线移到他脸上,留下一个浅浅的微笑,但是停留不超过两秒钟就会将视线移开。为什么人家说眼睛是灵魂之窗,就是这个道理。这样你还可能成功引起他的注意,而不至于让他产生被偷窥的不好感觉。如果你在路上忽然看见旧情人,勾起了怀念,甚至想再续前缘,同样,请不要一直盯着他看,甚至主动走向他,拍拍他的肩,跟他打招呼,你可以偶尔看他一眼,直到引起了他的注意。如果他真的主动走向你了,你就可以考虑是否与他复合,因为他对你还有好感。如果他假装没看见,走开了,你也免去尴尬的可能性,岂不是两全其美?

魔力悄悄话

一两秒钟,是保持着神秘感和无限想象空间的凝视最佳限度,如果超过了这个"视线保鲜期",除了容易引来浑身不自在的紧张感,而且神秘感尽失,女孩子的价值也跟着不见了,反而得不偿失。

言语也能释放暧昧讯息

我们曾经谈到太过文静,问什么话都不回,惜字如金的公主会令王子却步打退堂鼓,而话太多、讲话没分寸的女孩,又会被人当成"谐星"看待。

那么,到底要怎么讲话,才能让他对我们的印象加分呢?

爸爸妈妈那一套最安全的言语传情公式,到现代还没退出流行,可以提供大家参考:

一、可以用一个幽默的自我介绍,来加深对方的印象。

在联谊中这招尤其管用,能让你被记住的概率大幅提升,而且可以测试对方的好感度哦!或许你会问,自我介绍能测试什么好感度啊?看完以下的例子就知道啰:

有个女孩子常这样向男孩子自我介绍说:"我叫刘晨曦,破晓时的阳光那个晨曦。"

这时候,懂礼貌的男孩子通常都会接话说:"晨曦,好美的名字。"

然后,她就会接着说:"谢谢!不过这名字有个困扰,就是以后不能跟姓夏的男孩子结婚,要不然冠夫姓就变成'夏刘晨曦',就不美了,呵呵。"

这时候,对她有好感的聪明男士就会接话道:"还好我不姓夏,所以你以后不用担心这个困扰,呵呵!"

看到了没?自我介绍不正是一种暧昧流转、测试好感的好时机吗?

二、可以先谈自己的学习经历,找出与对方的共同点,拉近距离感。

有缘分的两个人,你会发现他们以前从事过的行业、就读过的学校、住过的地方,甚至养过的宠物都会有一样的。

就像我和现任男友,在我们的初次交谈中,我们就发现了我的高中同学竟然是他的中学同学这样的巧合,而且我中学时代有个很要好的姐妹淘,上大学后竟然和他在同一个画室学艺,我们竟然在同一个镇上居住了两年,对那个地方的一切熟悉到不能再熟悉……

很多的缘分和好感,都是从聊天当中培养起来的。

包氏广告公司的负责人包益民先生和他的妻子，也是在交谈中发现原来他们曾经是住在彼此对面的邻居，却互相不认识。

在谈话中，如果能尽可能地找到让对方感到"契合"的话题，恋情就有可能加速发展，反之，如果话题怎么找都是"话不投机半句多"，总是不能一直继续下去，那么未来想要更进一步的几率也不会很大。

各位优质女孩，请在家先练习好一个幽默的自我介绍，以备不时之需和试探对方好感之用吧！一旦型男走近你身边，才不会白白错失一个建立感情的大好时机。

魔力悄悄话

第一次的交谈更是重要，拼命从你们的过往经历中，找到可以无限延长的蛛丝马迹吧！只要找到了线头，相信很快就能编织出一张爱情的网了。

第五章 做让人心动的女孩

茫茫人海里遇见一个人有多难？有时候很难，几十亿人，一生也难见一次。有时却很容易，人群中第一眼就能把他认出来。这世界真有缘分的话，那么就是相遇。相遇比相爱更难。所以，请勇敢一点，就算相互付出再多，那也是缘分的一部分呀。爱情只有这三样，相遇、相信和相守。

优秀的伴侣是人与人之间最美好的情感，关山难阻隔，岁月扯不断，不会随着时间的流失而淡忘。优秀的伴侣是你最不容易忘掉的一个人。当你痛苦的时候，也是最希望要找的人。

自信的女人最美丽

在这个世界上,有2/5的男人,是有很多金钱但生活寂寞的。

面对这样的男人,有一种女孩绝对会让他提不起劲,那就是——缺乏自信的女孩。这样的男人通常有一定的事业和社会地位,而能够吸引他的眼光,并令他认为配得上自己的女孩,第一个条件就是要有自信,美丽是我的一个大学同学,她的家境小康,从小到大没打过工,外表条件不差,虽然没有模特儿的高挑身材,但身高也有162厘米;虽然不怎么纤瘦,但身形和比例很匀称,看起来至少是个中等美女。但是,她却一点自信也没有。

她自认为没自信的原因是因为没人追求,我却觉得她没人追的原因才是因为没自信。而令她没自信的原因,竟然是因为她父母为她取名叫"美丽",但她却觉得自己一点都不美丽,所以日子久了才产生了羞愧感,变得愈来愈没自信。就美丽而言,她是在断送自己的青春。如果不喜欢自己的名字,去改一个就好啦!用得着被一个名字绑住,然后毁掉自己的人生吗?

如果一个弯腰驼背的男人走过你身边,你会想要他成为你未来的男朋友吗?应该会比较害怕他过马路时出意外吧!相反地,女人也是如此。一个没有自信的女人,怎么可能让男人想牵起她的手呢?女人就算长得不怎么样,只要有自信,依然能散发出一股迷人的味道。你的周遭一定也有那种貌不惊人,却身边总不缺护花使者的女性朋友吧!自信就是她们最好的化妆品(当然,她们还是有化淡妆的习惯啦)!

魔力悄悄话

没有一个女人是不能被改造的,而自信心的建立,会让你立即感受到自己生命变得不一样,也会吸引更优质的男人,来到你的生命中。

让人感觉如沐春风的女人

下雨的天气几乎是每个人都讨厌的，一年四季里大多数的人都会比较喜欢春天和秋天。

为什么？因为感觉很舒服。

台湾首富郭台铭再婚，娶了他的国标舞老师曾馨莹。

大家都在谈论为什么一个那么有钱、跟众多女星传绯闻的男人，最后竟会情定一位朴实无华的平凡女孩？

更令人讶异的是，他的性格改变很大，从霸气到温柔，甚至决定把财产的90%全捐出来做公益！

这样的举动，让那些八卦媒体也终于认同他的第二春，那是出自真爱，不是逢场作戏，也不是只想找个老来伴而已。

其实，郭董的新娘就是属于像春风般的女人，一个不会给人压力，只要跟她在一起就很放松、很舒服的女人。

仔细回想一下，你身边是不是也有像这种类型的女孩？尤其是嫁入豪门的女孩们，是不是绝大多数都类似这样的感觉？

或许你会问：那我本来就不是这样的个性，要怎么变成这种女人呢？

如果短期内改变很困难，那么你可以从说话不要太心直口快开始练习，慢慢地自然就会变成懂得聆听别人心情的女孩了。

或者，你根本不想改变原来的性格。

那么你依然可能找到与你一拍即合的男人，但你终究还是要学习包容他既有的缺点，度过一段可能很辛苦的磨合期啊！

此外，你们除了每对情侣都会有的性格上的问题外，很可能在经济上和生活上都会出现需要克服的问题，在这种情况下，两个人在交往过程中，势必都不会感到太舒服，这样的爱情就会要经历分分合合的痛苦。

　　如果你想要吸引在世俗眼光中定义的"A 珈""高档货",或是你心仪的型男和白马王子,你先要让他感觉跟你在一起很舒服。

　　让他知道,他讲的你都懂,他的心事你能聆听和抚慰,让他只要一有空就想找你陪伴和聊天,你就成功了一大半!

　　当然,要选择哪样的爱情模式,是你的自由,也是只有你才能决定的。

魔力悄悄话

　　能得到优质男人疼爱和怜惜的女人,都有温柔婉约的气质。

像太阳一样的女人

没有任何一个男人会想要跟一个整天愁眉苦脸、时时刻刻如乌云罩顶般的女人，或是动不动就叹气、哗啦啦泪如雨下的女人在一起。

因为，每个人都想要自己的恋爱充满祝福，希望俩人的未来充满希望，怎么可能会跟一个脸上写着"完了、完了……"的女人谈恋爱呢？

古代的皇帝，为了想看见爱妃的笑颜，不惜重金买下全国的丝绢布，命人撕毁逗她笑，从这里就知道女人的笑对男人有多重要！

况且，这世上百分之九十九点九九九九的男人都不是君王，大家都忙着上班赚钱讨生活，哪儿来那么雄厚的财力和闲工夫去逗一个女人笑？

所以啰，不要刁难他了，就常常笑给他看吧！

让你的笑容成为他生命中不可或缺的阳光，三不五时就想来照一下，享受阳光的热情和温暖，他的心就会对你逐渐产生依赖感。

当然，笑也是有学问的。

标准的甜美笑容，依形象专家的建议标准，是露出八颗牙齿。

你可以照镜子，看看自己笑起来露出八颗牙的模样，记住那种感觉，这是据统计最令男人迷恋的招牌微笑。

如果看镜子里的自己，还是觉得笑起来怪怪的，你还有一个方法——到夜市走一趟，去看看卖金桔柠檬的小姐怎么笑的，偷偷学起来，保证异性缘大增！（我真的数过，她们真的每个人笑起来都是露出八颗洁白的牙齿，而且几乎没有男生可以抵挡她们的招呼，每个路过的人，只要看见了她们的微笑，几乎都会乖乖地走过去试喝半杯，然后掏钱买一杯带走。这种"笑容营销"真的很厉害！）

我有个妹妹总是一脸酷酷的，非常不爱笑，可能因为正值叛逆的青春，也可能是受到过失恋的打击，所以认为那样比较有个性，但我一直很难忘记，她失恋之前那充满阳光的脸庞。

我原先很期待有个男孩可以再敲开她的心房，给她爱情和幸福，因为我知道她是那么棒的一个女孩,但这个念头出现一阵子后,我发现我错了。

我不应该期待有个王子出现来拯救被巫婆的毒纺轮刺到的睡美人,那是古代的传说,我应该鼓励妹妹先改变自己,自己先恢复活力了,才会吸引有同样磁场的阳光男孩靠近啊!

当然,受过伤的阴影很难从记忆中除去,但是如果你也受过情伤,没有必要连未来的幸福都要因为这个伤心往事而赔上,对吧?

魔力悄悄话

开心地笑吧!人生那么长,未来仍有百分百幸福的可能。

懂得自己、照顾自己的女人

有很多女人一旦交了男朋友，就喜欢像只无尾熊一样，整天黏着他，到哪里都要在一起，甚至连吃饭睡觉洗澡都是。

一开始，男人会觉得新鲜，因为他对你的爱还在炽热地燃烧着，对你的兴趣依然盎然！但是，久了之后（其实并不用太久）他就会感到厌烦，觉得喘不过气来。

如果你是属于这种依赖性特别强的类型，那么我劝你先修正这样的性格再去谈恋爱，否则倘若有一天分手，你会因为极端孤独而痛苦难耐。

依赖性强的女人不等于可爱或需要保护的女人，男人并不会喜欢这样的女人。

我有个男性朋友，曾经跟一个依赖性特别强的女孩在一起，刚开始还很甜蜜，只要是我们这群朋友聚会的时候，他一定会带女友出席，但是，半年的蜜月期一过他们便分手了。

分手的原因，照他的说法是因为——"我没有带她去吃饭，她就不想吃；我没有载她去上课，她就给我逃课；我打工不在家，她就窝在我房间睡觉；我假日回瑞芳看爸妈，她每隔30分钟就来一通电话……我24小时只要眼睛一睁开就看到她，她是不良于行还是怎样？而我是她的电动轮椅吗？"

这句话，听得出来积怨很深，有很强的怨念在里面。

但我相信，这个女孩到现在一定不知道，她的依赖给她的前男友造成了多大的困扰。

之前提过，男人喜欢当猎人的角色，不用他狩猎，自己就躺在地上等他抓的猎物，是不会令他兴奋的。

而且，最好的恋爱状况，是两个人都要有独立的生活空间，平常各自的生活都不受影响，约会的时候才是属于两个人完全的亲密时刻。

如果做不到这一点，过了蜜月期之后还时时刻刻想跟他黏在一起，没有他你就哪里也去不了，那么，劝你还是想清楚后再谈恋爱吧！免得男人很快

就厌倦了你,因为他们暂时只想谈恋爱,还没准备好要过婚姻生活啊!

　　没有他,自己也能玩得很开心。

　　会善待自己,去做 SPA,偶尔和朋友去逛街,固定与家人相处,不把他摆在第一位的女人,有时拒绝他的邀约但会找时间补偿他……这样的女人,反而让男人想掌握、忍不住想据为己有。

　　距离,产生美。

魔力悄悄话

　　一个人也能活得很好的女人,才是让男人眷恋的女人。

随和、自然，有点可爱的女人

还有蛮多男人很喜欢像黑涩会美眉那种，看起来很单纯、很可爱的女孩，但更多男人喜欢像 S. H. E. 里的 ELLA 那种型的邻家女孩，因为既随和又自然，相处起来很愉快。

以前我们爸妈那一代的长辈，挑对象都是要选那种端庄贤淑能持家的女人，现在的男人观念变了，他们会把"恋爱对象"和"结婚对象"分开来。

现在的男孩，恋爱时就要找谈得来、相处气氛轻松的女孩，等结婚再做另外打算。

所以，让他感觉你整个人很自然、不做作，第一眼印象很随和可爱，初步接触时的气氛很愉快，你跟他谈恋爱的概率，会比气质优雅却看起来高不可攀的名模更有胜算！

我的男朋友就常吃饭吃到一半时，突然用一种很妙的微笑凝视着我说："你刚刚说那句话的表情好可爱哦～"

我的某位前男友爱上我的原因更奇怪，他说是因为我"看起来可爱，笑声却有点呆呆的"。

奇妙吧！男人的异想世界。

如果你不是像我一样爱问问题的好奇宝宝，没有像我这样有打破砂锅问到底的精神，你很难知道他们脑袋瓜里到底在想什么！

大学校园里真正人气旺到不行，追求者从女生宿舍大门口排队排到绕操场一圈的，通常不是校花级的大美女，而是长相可爱、很善于与男生相处的中等美女。

对于那些真的漂亮的美女，反而追求的人很少。

因为男人多半色大胆小自尊心强，大家不是怕自己条件不够好被拒绝，在朋友面前丧失尊严被取笑，就是故意说些自己不喜欢这类型的美女之类的反话。

其实，总归一句话，就是不想被发好人卡。

相对于真正的大美女而言，中等美女的恋爱可能性就大很多了，尤其是亲和力强、好相处的可爱女孩，只要自自然然地展现优点，男孩子受到了鼓舞，评估过后觉得门槛不高，就会全力以赴地去冲刺追求你了。

下次有机会联谊时，记得不要太拘束别扭，也不要故意装气质，更不要穿着晚礼服出席啊！

魔力悄悄话

穿一件可爱小洋装，自自然然地与男孩子们互动，记得画一点淡妆（眼妆和唇蜜电力就够强了），即使你不是超级名模般的 A 珈，也能够出线成为人气女王哦！

觉得自己很幸福的女人

从小家里就有问题的女孩子，心里会比一般人没有安全感，想法会比较负面悲观，当然就不会觉得自己是幸福的。

像《流星花园》里的杉菜那样，出身三级贫户却又知足坚强的女孩，就是因为少之又少，太过难得，所以才会风靡全亚洲。

这一点说来有点不公平，因为会觉得自己很幸福的女人，通常都有个正常美满的小康家庭。

可是，少归少，我真的就曾经遇到过这种女孩。

她家是一间卖腌渍物的老旧小店铺，爸爸很早就过世了，她每天早上都要帮妈妈看店做生意，赚取微薄的生活费，还要帮忙照顾弟妹，直到晚上才换上制服来学校上课。

每次只要她一踏入教室门，空气里就会弥漫着一股浓浓的酱菜味，我们都会反射性地捂住鼻子，直到习惯这气味。

她知道自己带给全班这样的困扰，但是她没有因为许多同学掩鼻而哭泣，她反而笑着站上讲台对我们说："我觉得我好幸福哦，能够在这个班上跟大家一起读书，谢谢你们这么善良，都没有骂我；我是世界上最幸福的人！"

这个知足惜福的女孩，高中毕业就嫁人了。

她嫁给同一条街上开捷安特自行车行的年轻老板，当起了小老板娘，后来还生了两个小孩，一男一女。

当她携着老公的手，再次出现在同学会上，已经没有浓浓的酱菜味了，取而代之的是满脸幸福的滋味。

她真的得到了幸福，而我相信，这个幸福婚姻是她自己创造出来的。

相反地，我也见过明明家境十分富裕，双亲都健在，名牌包也有好几个的女孩，偏偏整天唉声叹气要孤僻，觉得自己不幸福。

她交往的对象，一个换过一个，而且一个比一个眼神更怪异，似乎都是个性叛逆的类型。

直到大学毕业后,她在求职上也不是很顺利,常换工作,没有在一家公司待得超过半年的,现在听说整天待在家里睡觉。

魔力悄悄话

最近很红的"吸引力法则"告诉我们:每个人都有权利选择要过怎样的生活,只要你觉得生活是幸福的,并且相信你也配得一个好男人一起过幸福的日子,你就会得到这样的结果,因为,你吸引到的异性,跟你心里所描绘的蓝图会是一样的类型。要幸福,还是要自我放逐,请选择!

懂得将心比心的女人

你在公车上看过那种看见老先生站在自己面前,却假装睡觉或专心看书,死都不肯让位的男孩吗?

你看过把马路当成他家开的一样,走路挡在路中间,大摇大摆成群结队地逛大街,龟速前进的男孩吗?

对这种男孩子,相信你心里一定是产生反感,不可能因此而迷恋上他的"酷"吧!

我每次看到这种人,都想用龟派气功打他(如果我会百裂拳的话,可能用那招也很爽快)!

这种男人,就是不懂得关心别人、体谅别人的自私男人。

同理可证,如果你也是那种我行我素、不懂得将心比心的女孩,优质好男孩为什么要喜欢你?

一个懂得体贴的女人,绝对会让优质男人心动不已。

在餐厅,当他为你拉开座椅时,你心里有没有悸动?

那么,当你到便利商店买饮料,为他插好吸管递给他时,你想他会不会也有一样的感觉?

当你们过马路时,他让你走在离车流比较远的那一侧,你会不会感动?

那么,当来车太猛,你赶紧拉住他的衣袖说声"小心!"你想他会有怎样的感觉?

当他临时要加班不能陪你,你是会对他说:"怎么这样,人家好不容易放假耶,我不管,你要陪我!……"还是"噢,好吧! 那只好等你加完班,我们一起吃晚餐啰……"

其实两种回答都不能改变他要去加班的结果,但你想,哪一句话会让他感动,觉得这辈子不娶你实在太可惜?

无理取闹的女孩,会令男人厌烦;懂得体贴的女孩,男人抢着爱!

虽然我们看见很多把男朋友当成奴隶来使唤的女孩,好像爱得很如胶似漆,但千万别以为女人要很不屑男人、一天到晚奴役男人,男人还会心甘情愿待在你身边。

你看过那种在人前对男友大呼小叫的女孩,私底下跟男朋友相处时的情况吗?她们有你不知道的手段,她们也有不在你面前展现的贴心温柔,才会让男人离不开她。

要不然,你以为男人都是傻子,只喜欢被虐待吗?

每个男人在家里都是妈妈的心肝宝贝,他们已不像旧时代的男人那样了。

魔力悄悄话

他要是觉得你跟他谈恋爱,根本就是"乱来的",难保哪天一气之下把你丢在路边甩头就走,永远不再回头……

对未来充满理想的女人

对未来充满理想的女孩,全身上下都会散发出一种与众不同的光芒。

她不仅会在男人眼中闪着魅力的光,还能在一群女生中获得崇拜与认同,拥有偶像般的高人气。

她有魅力的地方不在于她美丽或是成绩好,而在于她的眼神越过同侪的高度直达远方,她在乎的只有未来的愿景而非只是现在。

就是这股独特,让她拥有众人欣羡的超人气! 男人女人都喜欢和她在一起。

王同学成绩中等,但她一心想拍电影,她的志愿就是长大后当导演。

她的外表并没有太特别,和一群女孩一样穿着制服,一样剪短发,身高也没有特别高,但是,她口袋里的 mp3 播放的是黑人灵歌,她上课时偷看的书是平克·弗洛伊德,她随身带着相机拍下任何一处微妙的景象,取名为"夕阳""空寂""我思故我在"……的一张张照片,被她仔仔细细地收在一个很长很大的黑色包包里。

当人们在准备大学联考冲刺的高三阶段,她专注于构思剧本创作:当人们绿色书包里放着满满的书本,她的书包总是松松垮垮,但肩上背着的那个黑色背包永远又沉又重:当人们放学后忙着补习,她却和摄影社的团员们嘻嘻哈哈地分享最近又看了哪部电影超赞……

她的身旁总是有别校的男生,和她并肩而行,甚至还有大学生一起到校门口等她下课。她的浑身上下,就是有一股特别藏在那身平凡的制服底下,她那充满理想与热情的灵魂,吸引了全校男男女女的目光。

这位王同学,最后没有当成导演,因为没有足够的名气和资金协助她达成她的梦想,不过最近她的名字出现在一个百万征奖的网站上——她拍摄的纪录片,得到很权威的奖项。

你知道想表达的是什么吗?

只想告诉你,如果你想要男人靠近你,你不要把眼光只放在男人身上,

你可以越过他的高度,直视你的梦想,他自然会把他的眼光投射在你身上。

因为你身上散发的,是跟一般女孩不一样的独特光芒！而且,靠近你的男人都会是与你志同道合的"爱人同志"的不二人选。

魔力悄悄话

会利用工作或课业余暇参加慈善活动当义工,或是努力不懈地往理想前进的女人,身上所散发出的光环和那与众不同的女性魅力,是让优质男人无法抗拒的！

第六章
交往初期的约会指南

　　我们都渴望白头偕老的爱情，但有时白头偕老却无关爱情。

　　人生最难过的，莫过于你深爱着一个人，却永远不可能在一起。

　　那些嚷着要爱情的人，在被爱情伤害后才会明白，忍耐是一种深沉的爱，不是每个人都能懂得珍惜。

　　和一个愿意忍耐你的人牵手，远比那些只会给你风花雪月的人来得更长久。

　　真正意义上的伴侣，是你步步高升，对你称呼不变的人。

第一次的约会地点

为了展现你是个聪明的女孩,第一次约会适合约在人多一些的地方。

为什么这么说呢?

第一,为了自保,知人知面不知心,人多的地方一般等级的约会色狼比较不敢下手。

第二,走在人多的地方,偶尔会有肢体接触或不小心发生摩擦的机会,这时候就是你展现美人心号,对他发动攻势的最佳时机。(但是切记,还是要以守代攻哦!若有似无的暗示和感觉,会为你们初次约会增添趣味和小小的刺激。)

举例来说,如果约在开放式卡拉 OK 包厢,就比两个人约在小包厢唱歌来得安全。加上你若歌唱得好,还能在众人之前展现这项优点,当众人为你鼓掌的时候,你身边的男孩也会与有荣焉,对你的好感度快速翻升!

而你刚从室外进到室内,在入座时,身上若搭着外套,当你在他面前脱下外套的那一刻,容易让他有一种"你们已是情侣"的错觉,这也是一种很微妙的拉近彼此距离的做法。(但是切记,动作要优雅,眼睛千万不要看着他,这样才不会让他误以为你是个非常开放的女孩,不小心吓跑气质型男啰!)

另外,约在有其他事情可做的热闹场合是对的,但是请不要做剧烈运动(像第一次见面就约出来跳舞或打篮球,这种会刺激肾上腺素急剧分泌的激烈运动,对年轻男女而言很难克制运动后的生理反应)。

有些女孩因为没有安全感,第一次约会时硬要拉一个好姐妹做伴,这一点是会有反效果的。

第一,对方会觉得你不信任他,男人很讨厌这种感觉。

第二,对方会觉得你不尊重他(除非事前协调过了),这也会造成印象扣分。

第三,万一他跟你不来电,反而跟你的好姐妹看对眼了,那你真的亏大了!因为你不仅失去了一个心仪对象,甚至连姐妹都会反目成仇。

在人多热闹的街上，穿高跟鞋的你偶尔会有一些突发状况，像是不小心扭了一下，这个时候可以及时拉住他的手，再害羞地把手放开，跟他说："哎呀，刚才的路不好，不小心扭了一下。"

他一定会像个心花怒放的王子，用微笑的眼神望着你说："没关系！"

你看，这是多么好的开始啊……

魔力悄悄话

逛市集展览、听露天音乐会、约在餐厅聊天，都是不错的选择，而你们之间的互动也是偏重心灵沟通的层次，不会太剧烈，反而更深入。

别讲太冷的笑话

讲冷笑话,似乎比较像是男生的权利,因为女孩子很难拿好分寸,一弄不好就会把自己从玉女变谐星,代价真大!

而且,有些笑话是带颜色的,虽然很好笑,但是从女孩子嘴里说出来,她在男人心目中的完美形象就会破灭。

除非你一点都不想再跟这个人发生进一步的关联,或是从此见不到他的面也没关系,不然建议你不要尝试挑战冷笑话。

有次外校的男生联谊时,一行人男生女生加起来十几个,在一家气氛还不错的餐厅里用餐。

可能一开始不知道如何开场,那群男生就拼命地讲冷笑话,想要热场。

刚开始的两三个还好,但后来愈讲愈夸张,讲到连菜名都可以拿出来开玩笑。

A男说:"你们有没有听过'鸡佛仔',蛮好吃的哦! 想不想吃吃看?"

这个家伙大概以为拿鸡的性器官开玩笑,是件很有趣的行为,所以在场女生都装作不知道,免得尴尬。

但他居然一直追问:"你们真的没听过'鸡佛仔'? 一定吃过'鸡佛仔'吧! 没有人没吃过'鸡佛仔'的,不如我们来叫个'鸡佛仔'全餐好了……"

更令人讶异的是,居然有个女生在一片沉默中,恍然大悟般地接话:"哦……我知道了,你说的应该是'鸡南佛仔'才对吧!"

当时现场反应是——男生笑翻,女生臭脸,头上一群乌鸦飞过。

你想想看,这种冷笑话从男生嘴里说出来都令人尴尬了,何况是女生?

讲冷笑话是一件极度危险的事,站在联谊的角度来说。

因为你们彼此还不熟悉,在不知道对方能接受的玩笑尺度和欣赏的幽默类型时,千万别尝试讲太刺激的冷笑话,免得被人当冷王冷后,成为联谊的配角。

上述那群男生,后来我们再也没联络了。

　　没机会问他们对我们有什么感觉，但基本上是相同的，就是只觉得那是一次只有打屁、聊天、浪费钱、女生又从头到尾摆臭脸的烂经验。

　　搞砸一切的元凶，就是那个不太合适的冷笑话。

魔力悄悄话

　　如果第一次与他出来约会，你不知道该用什么话题开场，可以从聊一些自身旅游经验，或是教室里发生的有趣事情开始，这些都比冷笑话可以引起共鸣，还可加深他对你的印象。同时，你又能保持亲和的形象，也让他更了解你、被你的落落大方所吸引哦！

营造一种"有默契"的氛围

前面聊到餐厅,这是约会时一定会遇到的场景,有很多状况和机会也都在这里发生了改变。所以,在餐厅里用餐,你可别以为"吃饭皇帝大"就真的放松啰! 在餐厅吃饭才更要保持警觉呢! 因为,用餐时可以观察对方对你有没有进一步交往的意思。

首先,是点餐的时候。通常上道的男生会知道"Lady first"的道理,会绅士地让你先点。如果他真的这样做了他就拿到及格分数了,也证实你是他正在考虑追求的对象。(顺带一提,如果在没有服务生的状况下,他为你拉椅子,那么你反而要小心,他是不是经验丰富的情场老手!)如果他没有坚持让你先点,反而自顾自地看菜单,然后脱口而出说他想吃什么,也并不表示他对你一点意思也无,很可能他从前没有跟女孩子一起用餐的经验。这时候,如果你对他真的很有好感,可以在他说出他想吃哪道餐点之后,你微笑着对他说句:"咦,我也是耶,真有默契!"

好的开始,就是成功的一半。接下来,用餐的时候。在餐厅里,如果你的刀叉发生碰撞产生出巨大声响,会让型男觉得很尴尬。毕竟你是他的女伴啊! 要顾虑到他的感受。最后,用餐完毕的时候。打饱嗝时请用手帕遮嘴,千万别发出声音,如果真的忍不住可以分段把嗝打出来。

如果很怕打嗝或口气不好,建议别点鸡肉和气泡饮料,加牛排的蒜片也请酌量,只有处处留神,才能为约会留下一个美好的印象。

魔力悄悄话

男人还是会喜欢有气质的女生,你的活泼可爱和直率,不需要用这种夸张的讲话方式来表现。

展现造型巧思，能增添吸引力

最近坊间不是有很多头发香氛喷雾、水果身体香膏、身体亮粉等等新奇的女生造型辅助用品吗？我跟你说，这些用在身上很不起眼的道具，真的对男生有莫大的吸引力！我有个好朋友是韩国男人，他就很受不了夏天时走在路上，一阵风吹过，闻到前面女生头上随风飘来的浓浓头油味。他皱着眉头说："背影是美女，风吹过来，噢！很可怕……"因为夏天气候比较热，气温较高，所以女孩们到了要更注意，把自己弄得香香美美的，才不会不小心吓跑了男生。

每个男人都会喜欢自己未来的另一半是特别的，更希望从别人嘴里听见对自己女朋友的赞美，所以，你要让他觉得你是特别的，是有价值感、与众不同的！

如果一个男人看见女朋友身上出现一种他从未见过的造型小物，他会被勾起好奇心，如果你还能告诉它那个东西是什么功用、哪一国发明的，他就会解读成"我的女朋友比别人的更特别"。如果你把不要的牛仔裤，重新制作成包包，他一定会逢人就讲："我女朋友手很巧，很会设计服装。"现在到处都买得到外国的项链、造型耳环、女生专用携带小物，如果不想出门，网上订购也很方便，这是值得的小成本投资，会让你的异性吸引力大大加分。所以，以后千万别再穿一件上面印了某个公司 **LOGO** 的赠品 **T** 恤出门啦！与他约会前记得喷点香水，让你身上的香味，成为他记忆里深深的印记。

魔力悄悄话

要吸引到世上独一无二的优质男人，你先要让自己成为与众不同的优质女人。

偶尔给他一点小惊喜

这个小惊喜,不建议买礼物,除非是便宜的可爱礼物,否则约会初期不建议由女生主动送东西给男生。

理由有二:

第一,怕养成他们的依赖和期待心理,之后会认为你没送他礼物就是不爱他了。

第二,收下昂贵的礼物,好男人会觉得心里尴尬,有的还会自尊心受创,因为在他们的认知里,应该是在自己能力可及的范围送女生礼物,这样才正常。

其实比起女人送他们礼物,他们更宁愿是自己带给女人快乐。除非你送的是生日礼物或情人节礼物,否则真的不需要送多贵重的。

你偶尔出现的一个可爱表情,或是说了一句可爱的话,无意间做了可爱的动作,就足够让他感到惊喜和快乐了。

男生和女生不一样,女生会依男生送的礼物价格,来衡量他喜欢自己的程度,男生却重视礼物带来的惊喜和礼物里体现出来的心意,甚于礼物本身的价值。

如果你和朋友去国外玩,在逛街时突然看到可以帮客人刻上名字的钥匙圈,一个约台币二三百元左右的价格,你就可以买下来,刻上他的名字送给他。

这个钥匙圈为他带来的惊喜,绝对不会亚于你送他一只宝格丽的戒指,而且还不会造成他额外的压力。

当然以上叙述的情况,仅适用于尝试交往约会后的你,在还没有进入到这个阶段的朋友阶段,不要轻易送男生礼物,以免让交往因素复杂化,对未来不是一件好事。

还有一种惊喜,不用钱,不牵涉到送礼。

比如,你如果注意到他身上洒了古龙水,有股轻轻柔柔的香味,表示他对你们的约会用了心去准备。

这时候，你不要知道了却不讲，你可以对他说"你身上好香哦！"或是"你的味道好好闻哦！"他会很开心，因为他知道你发现了他的努力，而且也感受到了他的用心。

这个很像寻宝游戏的原理，他是藏好宝藏的顽皮小孩，希望你把他的宝贝一件一件地找着，而且看到你脸上惊喜的表情，这样他就会很开心。

魔力悄悄话

偶尔的小惊喜，是爱情的催化剂。

一眼看穿男人心

正式交往后,有很多你想不到的复杂情况要处理,所以选择一个不麻烦的男人,会让你在正式交往后轻松许多。

所以,初期约会的目的不只是增进感情而已,也是让你观察他的大好时机。

他的一举一动,都可以看出性格上的端倪,让你决定是不是要进一步与他交往。所以,以下几点简单的性格观察法,提供你做判断,评估这个男人的个性是不是你可以掌握或适应的,再决定是否调整你的恋爱策略啰!

散步时,自顾自地走在前面的是大男人主义,走在你后面的像爱玩的小孩子,走在你右后方一点点距离却在你直视前方时视线范围内的,若不是天生的理想情人,就是难得的恋爱高手!

一个在约会初期送你的礼物价值,多半可以用来衡量他的经济能力。

但是一开始追求你就送你名牌精品的男人,他可能是会对你好、疼爱你,你想到哪里他就带你去的男人,但是,并不代表他有足够经济能力哦!这点要很小心观察。

不准时的男人,时间管理和财务管理的习惯可能不会太好,你可以在言谈中多问一下他对人生的规划,再判断他是不是符合你理想的交往对象。

如果他对未来没有想法,这样的男人可能不懂得怎么给女人安全感,如果他对未来太有抱负,但是听来很天马行空,那就看你要不要赌一次了,因为他不是天才就可能是疯子,而且是相当自负且自我的一个人。

吃饭时会唏哩呼噜发出声响的男人,没有心机,善良单纯,这是可以调教的,先别急着讨厌他。吃东西很慢的男人很自我,不会顾虑到别人的想法,心思深沉很难搞。

会常常发表高论的男人,容易让女人崇拜,觉得他有见地,但他不一定是能体谅别人的男人,适合他的对象是小女人,如果你个性太强又很不喜欢辩论,就要考虑一下啰!

如果是生长在失去父亲的单亲家庭,他在选择对象时通常会以结婚为考虑,尤其会顾虑妈妈的想法;如果是失去母亲的单亲家庭小孩,就比较单纯,因为父亲会尊重孩子的选择,希望他能幸福。

就现代心理学的看法,情侣的组合,"互补"比"相似"好。

举例来说,如果你的个性较没主见,容易举棋不定,最好挑一个个性刚强想法直接的男人谈恋爱;如果你属于女强人型,最好挑一个个性随和、会顺从你脾气、懂得体贴你的男人,相处起来会比较融洽,减少争执的发生概率。

但是,有一种男人千万别考虑了,那就是没有口德的男人。尤其是很会泄露别人隐私,还有夸口说自己床上功夫多好、跟哪个女人交往过、到几垒、感觉如何等等,这种男人不懂得善良是什么,劝你还是多考虑,别一头栽进去了。

魔力悄悄话

毕竟每个人都有优缺点,只要遇到适合交往、愿意为了你调整自己的对象,就是好对象。

他爱上你的讯号

跟他说话时,你会发现他的眼神一直凝视着你,眼带笑意,其实,这个时候的他心里也许正在想着怎么吻你。

跟他坐在一起,他好几次把身体倾向你,又转回去坐正,其实,他也许想要抱你。

他会在言谈中,有意无意地提起想去旅行,要找旅伴的事,其实,他心里想的旅伴也许正是你。

约会后送你回家,会不断回头看看你,一再地对你挥挥手,就表示他依依不舍你的离去,也表示今天的约会,你带给他非常好的印象。

每次约会的地点。他都会精心设计,专挑不同的场景,如:山上看夜景、机场看飞机、浪漫的餐厅……不会固定在一个地方,表示他已经对你动了情,并且已开始创造你们之间美好的回忆。

在你陪他等车或是看电影时,他会偷偷亲你一下,这就不用解释了,如果他上了车或是回家后,再传一条短讯给你,为了他刚才的冲动道歉,那不是表示他后悔哦!而只要你有更明确的鼓励,他已经准备好要当你男朋友了。

相反地,如果约会过程中,他不止一次靠近你的身体,有意无意地碰触你(比如:假装说你的项链很特别,就伸手碰到你的颈部,甚至拿起项链来把玩),这是他不尊重你,正在试探你会不会接受他占有你身体的危险讯息!

他说了很多理由,就是要你晚上千万别打电话给他,这个男人可能正在劈腿,那你就要小心别成为别人的第三者啰!

如果他一直提到关于身材或肉体的感觉,比如:你的耳垂好好摸,或是你的脸皮肤好好,亲起来一定很舒服……之类的,则是司马昭之心众人皆知。

对于以上这几种情形,摆明了他不是爱上你的灵魂,而是被你的肉体吸引。除非你不介意,否则建议别拿自身安全开玩笑,更别让对方送你回家,早点脱身比较好。

跟你讲话时和颜悦色，对服务生讲话时却盛气凌人的男人，表里不一，可能有双重人格。

埋单付账时小心翼翼地把钱包里的钞票掏出来，连一块钱的零钱都收起来不给小费，还当着你的面数算钱有没有少找，这种男人对财务太不放心，有可能是小气鬼。

对这个也好那个也好的男人，以及这个也讨厌那也讨厌的男人，一个没主见一个太龟毛，相爱容易相处难。

明明和你走在一起，却不断偷瞄别的女生，这种不甘寂寞、欲求不满的急色鬼，休想他会对你一个人专情。

魔力悄悄话

他是真的爱你，还是假的爱你，在深入交往前，可要仔细判断，三思而后行啊！

女生在约会时不能犯的错

在约会时,除了要仔细观察这个男生是不是值得交往的对象,你也要注意自己是不是表现合宜,免得让一个好男人白白被你吓跑了,就得不偿失了。

首先,之前提到过,不能邋里邋遢地出现,更不能有头皮屑、耳垢等脏污,鼻毛没剪、穿凉鞋时露出乌漆抹黑的脚指甲、穿无袖 T 恤腋毛却像火山爆发一样露出来……这些都是会让男人当场崩溃的造型,女孩子千万要记得清洗干净啊!

许多男孩子喜欢看女孩子穿白色衣服,因为感觉很纯真,但它却不是约会衣装的好选择。

如果你也选择穿白色衣服去赴约,请你一定要注意领口和袖口是不是干净的。

有个女性朋友很喜欢穿白衬衫,但是偏偏习惯以车代步,城市的空气又特别脏,每次她才刚从家里出发到公司,领口和袖口就沾上一层被脏空气熏黑的脏污。

这虽然是无可厚非,但是明知道晚上有约会,就忍耐一天别穿白衣服了吧! 如果你也有这样的经验和穿白衣服的坚持,那么约会当天就改搭地铁和公交车好了,别当车丑女了!

除了外表要注意,最好喷得自己香香的再去赴约(买不起高级香水的话,可以先洗好澡后再出门,男人也挺难抗拒女生沐浴过后的自然香味的)。

说话也是要注意的,比如:对方一直滔滔不绝地谈论着他的兴趣,但是你一点也不感兴趣,千万别直接叫他换个话题,这样他会超级伤心的!

你可以跟他说:"真的啊! 这么有趣,下次有机会教我吧! 咦,那你通常几点下班啊……"(用这种软性的方式转移话题,就不会再无聊下去了)。

你也不用明明没兴趣却一直装做好有趣的模样,面露开心的微笑,这样会鼓励他一直讲下去的! 等到后来他发现你开始打哈欠,他会对你的印象很不好,觉得你干吗那么假,应该一开始就说你没兴趣啊! 这样误会就大了。

再有,很重要的一点:不要追问他过去交过多少女朋友。

其实女生好像都很爱问这个,要你忍住不问好像也不大对,但是我可以告诉你的是,很多男人都不会老实跟你说(他会偷藏好几个起来不跟你讲)。

你想从他过往为什么会分手,还有交往过的女孩子类型,来判断你要不要跟他交往,或者你有没有胜算,但我要告诉你的是,你不用依照过往他交过的女朋友,来判断自己是不是他真正爱的类型,"因为男人不一定只爱一种类型的女孩!

而且,既然你问不出真正的答案,何必要问他交过几个女朋友这种尴尬问题呢?他现在正考虑交往的对象是你啊,小姐!

魔力悄悄话

许多男孩子喜欢看女孩子穿白色衣服,因为感觉很纯真,但它却不是约会衣装的好选择。

做个无法轻易征服的女人

就像女人喜欢会让自己说出"讨厌，你真坏！"的男人，对不喜欢的男人则会说"你是个好人……"一样，男人对女人也是如此，让人掌握不住的女人，比较能挑起男人想征服的心。

而怎样做，才能做一个让男人无法轻易征服的女人呢？有三种散发魅力的绝佳方式，你可以交错着使用：

一、不要听了男人说自己的梦想，就立刻幻想他规划的未来蓝图里有你存在。

请以一个好朋友的立场，鼓励他去实现他的梦，他会觉得你不但支持他的理想，而且不会给他负担和压力，跟这样的女孩在一起一定很自在。

这样一来，在他的眼中，你就跳脱一般庸脂俗粉的层次，变得格外与众不同！

举例而言，在他表示他将来想当航空公司机长环游世界时，你不要急着说："哇～当你老婆一定很幸福，可以一天到晚跟你到处旅行。"

你可以有更好的选择——"真巧！我的梦想也是空服员耶，说不定我们不仅现在是朋友，将来还有可能在同一个航空公司当同事哟！"

自信又独立的女孩，男人怎么可能不爱？

二、不要逼他说他不想说的事，因为每个人都有每个人的过去。

就像你心里也有秘密一样，如果遭人窥探，感觉自然不舒服，对彼此的信任感也会打折扣。尤其是男人，你越是想了解他，他越是想逃，觉得你这个女人真可怕，掌控欲那么强！

想了解一个男人，是每个陷入爱河的女人都会有的心态，但是，每一段爱情都是一个全新的开始，他一定也想忘记过往的伤痕，和一个对的女人重新开始。所以，你不用逼他说出他不想说的事，他不想说并不表示他对你没有好感，只是因为时间还没到而已。

三、做个让他捉摸不定的女人，他对你会充满好奇心。

爱情——有花堪折直须折

当然不是要你做到"一秒钟前甩他一巴掌,下一秒又心疼地抚着他的脸庞"这种歇斯底里的程度,但是你可以在他要牵你手时故意闪躲,却又在下一个路口偷亲他的脸颊,保证他会因为不知道你在想什么,从此满脑子都是你的身影!

当你掌握了上述的三种方式中其中一种,并能运用自如时,相信你只要一站出来,就能对男人产生莫大的吸引力,不用怕没有恋爱谈,只怕恋爱谈不完!

魔力悄悄话

因为男人会对"反差很大"的女人产生暧昧情愫,比如:如果你看起来很清纯,但是你是个老烟枪,男人在看到你抽烟的那一刻会莫名其妙感到兴奋,因为他们开始对你这个人很感兴趣!

第七章
约会可以优化爱情

在爱情的海洋里，总有太多的波浪，我们以为爱的很深很真，其实爱的很浅很淡，一句难听的话，就会狠狠刺痛对方的心。

为了不让对方受伤害，有的人潜藏在爱情背后，收获幸福和快乐，而有的人为了爱情为她付出一切，甚至是宝贵的生命。

我们不能左右爱情，只有去适应爱情，好好珍惜彼此，幸福才能更长久。

当你穷困潦倒时，对你另眼相看的人，才是真正懂你的人。

初次约会如何找话题

在谈恋爱的初期,有些性格内向的人在和对方见面时,比较紧张,不知如何是好。其实,约会并不像自己想象的那么难。有很多内向的人他们与伴侣相处融洽,尤其是他们与爱人真心理解彼此。

要想让内向的人在约会中表现自如,需要付出很多努力,但不是不可能。以下建议,希望能对您的约会有帮助。

1. 从对方熟悉的事谈起

性格内向而又怕羞的人,在人际交往中本来就显得羞羞答答,少言寡语,如果让他(她)单独与一个异性朋友在一起,他(她)会表现出手足无措,语无伦次,拘谨呆板,这些都情有可原。

如果遇到这样的交往对象,我们不妨主动引导,从他(她)最为熟悉的事情上寻找话题,以此激起对方谈话的兴趣。

汪海是一位中学老师,经人介绍认识了思雪。第一次约会时,两人寒暄过后,性格内向的思雪便低头不语了。眼看就要出现"冷场",汪海便开始寻找话题,问诸如"上班的地方远吗""每天工作累吗"等话题,来引导思雪谈自己最熟悉的人和事,从而打开了她的话匣子。

汪海在约会"冷场"即将出现时,从思雪最熟悉的工作方面提出问题,引导她介绍解答,这样谈话时间一长,思雪就自然而然地消除了初次与汪海见面的不自在,从而精神放松,谈吐自如。

2. 谈论大众话题

如果你与情人的志趣不同,当然很容易使人感到"话不投机半句多",难以产生共鸣。不过,不同中未必就一定找不到任何共同点。

比如你爱读书写字,他(她)爱唱歌跳舞,可能共同的话题要少一点,但是共同话题还是可以找到的。你们可以围绕当下热门的电影、电视开始谈起,在讨论这些的过程中,各自对人生、对社会、对是非的观念都可以展示出来,从而达到互相了解的目的。

如果他(她)对电影、电视剧的兴趣也没有,还可以谈谈时事新闻、轶闻趣事等最近的热门话题,或者谈谈工作中遇到的问题等等。

总之,除了不同的兴趣爱好以外,约会时可谈的大众话题还是很多的,关键是看你能不能根据彼此交谈的具体情况,灵活而机敏地寻找和抓住双方感兴趣的话题,热情友好,畅所欲言地交谈。

3.换个环境寻找话题

恋人的约会地点有时候是在咖啡馆之类的室内,有时候在游乐场之类的户外场所。如果你与情人的某个话题结束后,一时找不到令人感兴趣的话题续上,再坐下去实在是如坐针毡,难以忍受这种沉默。那么,主动提出站起来活动活动,换一个环境,不失为打破僵局、寻找别的话题的好方法。

4.推心置腹,真诚相待

约会时,有些人为了表现自己的温文尔雅,喜欢讲一些繁文缛节的客套话,或者张口闭口讲些大道理,这很容易加重对方的心理压力,出现"冷场"。其实,过多地寒暄和客套,给人的不是恰到好处的彬彬有礼,反而说明了我们与他(她)的关系还未达到不拘礼仪的亲密程度。

张口闭口讲大道理,并不说明我们的知识渊博,恰巧说明我们不是与他(她)在平等地交谈,而是以居高临下的口气教训他(她)。约会就是谈心,我们推心置腹、赤诚相见,一般说都会得到他(她)积极地响应。所以在交谈时唯有诚恳、热情、友好、坦率,既反应机敏又不多虑,才能解除他(她)的心理压力,打破他(她)的沉默,激起他(她)的交谈兴趣。

5.敏感话题,以幽默打破僵局

初次约会,由于大家不太了解,在交谈时难免会闯入情人的"雷区",谈到情人不愿谈及的伤痕话题,这样不仅会出现严重的僵局,更是难堪中的难堪。不过,此时我们不要紧张,他(她)既有难言之隐,不愿过多或根本不愿谈及这个引起大家不快的话题,我们就不必打破砂锅问到底,哪壶不开提哪壶。这时,可以尽量岔开话题,用幽默摆脱窘境。

约会中谈话的中断随时都有可能发生,如何巧妙地避开这种难堪的窘境,方法因具体情况不同而多种多样,关键在于审时度势,随机应变地把握两人谈话的氛围,敏锐地捕捉信息,这样,我们的约会就会有连续不断的话题。

约会成功,说话须留意:

我们已经成功地与对方订好约会,但又不知道在约会时该说什么好?而且,我们也想知道,在第一次的约会中,跟对方说"喜欢"之类的字眼是不是恰当? 约会的成功与否,跟我们如何恰当的谈话有很大的关系。所以,我们在初次的约会里,想要成功勾起对方的兴趣,除了靠彼此的吸引力外,还要具备一定的谈话技巧。因为不当的语言,可能让你的第一次约会成为最后一次约会。下面的五个谈话技巧,就是我们初次约会时要注意的。

1. 认真对待,充分准备

有一个男孩和喜欢的女孩约好一起去看电影。约会的前一天,他来到和对方约定好的车站,然后从车站走到电影院。他一面走一面数数步数,并且计算走这段路所花费的时间。然后,思考和她一起走的这一段时间内所要说的话,而且多次地反复练习……

这个男孩的良苦用心值得推荐。如果想要使恋爱成功,就必须认真对待。平常一般人都不会特别去准备在几分钟的有限时间内该说什么话,然而只要你试了一次,到时你所练习过的话肯定会产生意想不到的效果。

2. 保持快乐的谈话气氛

要想保持快乐的谈话气氛,事先准备好话题是很重要的。如果知道对方对什么有兴趣的话,那么就多准备和这个主题相关的谈话题材。不能自己发表"演讲",而让对方当听众。当对方不说话时,应提点令他(她)感兴趣的问题,引导他(她)谈下去。但不要出现"审问式""查户口"式的谈话,如果发现对方不愿回答的问题,应立即转移话题。约会时应该避免的话题,是表现出对任何事的不平或不满情绪,以及说别人的坏话或批评别人。这些话题不仅会破坏约会时应有的快乐气氛,同时也会令对方对我们的品性感到怀疑。

3. 多倾听

约会时,与其尽说些我们自己的事,还不如用心地倾听对方说话,一面注视着对方的眼睛和嘴巴,一面专心倾听,表现出对对方的话很感兴趣。特别是对方说到自己感到很满意的事情时,你要做出适当的反应,且让对方有说下去的兴致。我们自己说话的时候,表情要开朗,说话要清楚,对于对方的问话,也要简单明了地回答。

4. 适当地赞美

在谈话中,适当地赞美对方也是约会成功的秘诀。但是对方的长相和身材,最好避免在第一次的约会时就称赞。如果你是男性的话,就称赞对方的发型、服装、气质等;如果你是女性的话,就称赞对方的知识、技术等。

5. 不要贸然说"爱"

对于第一次约会就说"爱你""喜欢你"之类的话是十分不恰当的,因为是初次约会,还不很了解对方的心意,如果贸然地提到这种问题,反而会令对方感到震惊而不知所措,可能也就不会再有第二次约会的机会了。感情并不是单方面的一厢情愿,必须在一次又一次的约会后,自然培养出来的。

魔力悄悄话

约会是一门艺术,不管是说话还是做事,如果稍有不慎,就可能吓坏对方,爱情的第一步就陷入僵局;如果我们参照以上几方面来说话做事,就会让人在舒适的气氛中愉快地渡过初次约会,我们的爱情热度也会逐渐升温,浪漫的情节也由此展开。

初次约会，要擦亮你的眼睛

一般来说，不论是男人还是女人，恋爱时的第一次约会都会感到有些紧张，尤其是两人之前并不认识，经人介绍才认识的，多少还会有点尴尬。在这种情况下，对两个人的关系下定论还为时过早。不过，我们最好留意那些可以透露对方感情特征的线索。因为，根据对方透露出的外在言行举止，可以剖析出他／她的性格特点和心理认知，从而对他／她的人格有个初步的了解。

要知道，不管第一次约会对方是早来还是迟到，还是谈论的话题，以及两人的活动安排是如何决定的……这些都向我们透露了这段恋情的诸多信息。掌握了这些信息，我们就可以大致地看出对方对自己的态度和想法，同时也可以对他／她有一定的了解和认识。

当出现以下情况时，说明对方很在意我们：

1. 对方坚持由我们来计划第一次约会。我们很有可能找到这样一个人，他体贴、希望能令我们感动、满足，并且对我们很好奇，所以我们最好别错过这次约会。即使我们的约会很失败，可至少我们做了自己喜欢做的事。但是，他也许是因为缺乏创意或者对自己的重大决定不够自信才征求我们的意见，所以，要留意后来的证据。

2. 对方说他喜欢独立性格的人，问了很多关于我们工作的事情，就像我们也问了很多关于他工作的事情一样。价值观很现代的约会对象欣赏的是能够在情感上和经济上都保持独立的人。如果我们继续和这个人约会，我们也许会因为他不愿让我们过多依赖而觉得灰心丧气，但是，两人之间就不会因为尊严和面子问题有过多的冲突了。

3. 当我们遇上老朋友时，对方会热情地和自己的朋友打招呼，并主动回避一下，让我们和朋友有机会好好聊一聊。当我们把注意力暂时从他身上移开，他不会觉得自己受了冷落，能和这样体贴的人在一起是十分幸福的。这样的风度和自信很罕见，我们要好好珍惜。

4.约会对象对约会中出现的所有不顺一笑了之,不管是电影票已经卖完,还是晚餐做煳了,或者在去电影院的路上发生了轻微的擦撞事故,他/她不会因为计划被破坏而影响约会的氛围和两人的情绪,而是懂得变通,即兴制造美好气氛。如果约会计划出差错了,成熟的人不会马上推卸责任,他们懂得"既来之,则安之"的淡定和从容。如果对方有足够的耐心,能够乐观地看待不幸,那么他/她就值得深交。

如果发生下列情况,说明对方对我们不来电,我们也最好对这个约会对象有所斟酌:

1.他/她迟到了一个半小时,还解释说之所以没给我们打电话,是因为打电话会使他耽误更多的时间。言下之意就是说,他/她不想打乱自己的计划去找电话,或者他根本不关心能不能准时赴约。这样的人总是推卸责任,对别人的感受自然也显得不太关心。

2.对方主导了整个交谈。他/她一直在大谈特谈自己身上发生的事情。或许有些人会觉得这类型的人的确很有魅力,但事实是他从来不会问关心我们的问题,他/她更在乎的是自己。

3.他说:"你堪称完美,你正是我在找的人。"这样的话多出现在言情小说里,现实中很少这样。如果他在第一次约会时就这样对我们说,那他只是把我们当成了想象中的人,而这种想象在长久的相处中可能会化为泡影。同时,也要注意,这种人也可能是油嘴滑舌,心眼颇多,我们最好加以提防。

4.对方告诉我们他/她之所以和朋友、家人相处有困难,是因为他们太难相处了。如果这种抱怨是针对大多数人的,而且他/她还一直抱怨别人的不是,那么对这种人的性格和人品,我们就要产生质疑了。

5.他对我们的外表("你应该穿得休闲一点,我穿着牛仔裤呢")、我们的举止("告诉我你想吃什么,我会对服务员说")和我们的智慧("如果你对核战争很了解的话,就不会说那样的话了")很挑剔。而如果一个人喜欢我们,他会觉得我们的一切都是美好的,而不是在我们身上挑三拣四。

魔力悄悄话

初次约会时,我们需要擦亮眼睛,炼就探查约会对象的火眼金睛!

选择约会的圣地

陌生男女由相识到相爱,需要经常地约会见面。这是一条让感情从陌生到熟悉,从生疏到亲密的必由之路,但选择什么样的地点约会,恋爱中的男女或多或少都会犯难,是选择清幽雅静的公园,还是情调十足的餐厅,还是刺激多多的游乐园?这在约会中至关重要,因为一个精心挑选的约会地点,不仅能够在当时营造出促进感情升温的浪漫气氛,让两人之间的火花擦得更旺,还可以在事后制造让人回味的难忘记忆。那么,到底哪些地方才是恋人们的约会圣地呢?

1. 情调十足的餐厅

约会是浪漫的,为了匹配这种浪漫的氛围,我们可以选择一个情调十足的餐厅,挑一个临窗的角落位置,避开大众的眼光,给彼此一个更利于私人交谈的空间。

选择什么样的餐厅,也向对方展示了我们的生活品位。但是,选择餐厅时不能光顾着情调,也要考虑为情调付出的经济代价,量力而行。

2. 麦当劳等快餐店

现在许多人都把约会地点选在麦当劳这样的快餐店,通过那种轻松随意的气氛来消除彼此的紧张感,促进双方的交流,同时,也不存在太大的经济压力。

3. 清幽雅静的公园

平日里两人成天忙碌着工作,身心都陷入疲惫之中。到了周末,两人可以找一个公园去看看花草,沿着公园里蜿蜒的小路漫步,聊着一些有趣的生活话题,自然的沟通会增进彼此的感情。

4. 电影院

如果恰逢电影院上映了一些大片,不妨约对方同去欣赏。影片可以选择浪漫的爱情片,比如《非诚勿扰》《情书》等,也可以选择一些两人都感兴趣的题材,比如惊悚片、科幻片等。

5. 刺激多多的游乐场

游乐场容易使人处于兴奋状态,适合制造一种坦率而开放的氛围,聊天的主题自然会多起来,身体也会自然地靠近。但也要随时观察对方的反应,不要表现得过度随意,否则很可能弄巧成拙,令对方认为我们太过开放,从而影响好感度。

6. 运动场所

如果两人都非常爱运动,那么运动场所也是比较理想的约会地点,比如体育馆、保龄球馆、网球场等。最好是挑一样彼此都喜欢或者擅长的运动来玩,一则充分体现我们的长项,让对方感受到自己健康和活跃;另外体会着共同的爱好也是一件很快乐的事。只要两人都玩得开心,很容易让感情走向完美的结局。

魔力悄悄话

约会场所的具体选择要因人而异。如果一方是好静的人,而对方又比较文艺,那么博物馆是个再理想不过的约会场合了。这样,两人可谈的话题也会增多,可以拉近彼此的距离。如果彼此都是好动活泼的人,可以选择酒吧那样活跃的场所,尽情释放自己的热情魅力,碰撞爱情的火花。

女人约会为什么总是故意迟到

恋人们约会,大多数情况下,总是男人先到约定地点,而女人姗姗来迟。也许男人怎么也想不明白:女人为何明明可以按时到达约会地点,却故意拖延时间迟迟不到呢?心理学家认为:约会时男人多是有意先到,因为这样做不仅可以讨好喜欢的女人,还能以此显示出自己有绅士风度;而女人故意迟到,不仅仅是为了考验男人,还能让男人感觉到自己的矜持。

女人们的心理认为,迟到不仅可以显示出自己在这段爱情中的主导地位,言外之意就是"你要以我为主";而且还可以从迟到时男友的表情或是语言中,可以看出自己在男友心中的地位究竟是怎样;此外,她们还可以从中得到快乐,通过这种奇特的方式,来获得自己的心理满足。

亮和慧是通过朋友的介绍认识的,慧是一个漂亮单纯的女孩子,任性中还带有一点狡黠。几天后,亮决定约慧出来玩,慧答应得很爽快,让亮心里很高兴。两人约定第二天下午两点在公园里见面。

第二天,亮早早地就开始洗漱打扮,穿什么样的衣服,搭哪双鞋子,头发怎么梳等等。直到觉得镜子中的自己十分满意时,才开始出门,1:30分,他就来到了约定的地点,满心欢喜地期待着慧的到来。

马上就两点了,想到慧就要出现,亮的心开始变得兴奋,还有些莫名的紧张。两点到了,慧并没有出现,亮失望极了,难道她要失约吗?他拨通了她的电话,她说:"我在路上呢,你再等一等吧?"挂了电话后,亮的心里感觉有些堵,他觉得慧好像并不重视这次约会,第一次就迟到。足足等了30分钟,慧的身影才出现,她向亮说抱歉,但他觉得她并没有足够的诚意,但又不好多说什么。

后来,两个人又约会过几次,每次慧都是姗姗来迟,少则三五分钟,多则个把小时,令亮等的痛苦不堪。他也曾委婉地提醒过她,她也答应不再迟到,可是只是口头上的承诺,她从来没有准时过一次。男孩十分苦恼:他不知道女孩是不是对他心存不满，是不是想弃他而去。

生活中很多男人都会像故事的男孩一样困惑，为什么女人会产生故意迟到的想法呢？尤其是没有恋爱经验的年轻男人们。其实，女人的迟到都是有心理原因的。女人们通常都认为，男人们在等待自己心仪的女子时，都能够耐住性子。所以，约会迟到似乎成了女人们来考验男朋友耐心的惯用伎俩，用她们自己的话来说：如果连等我半个小时的耐心都没有，我如何指望你能等我一生呢？

当然，这迟到多长时间可是一门大学问，需要依照男友的脾气和耐性而定，可以是 5 分钟，也可以是 15 分钟，甚至是半个小时或者更长。女人们通常认为，要让男友在等待中有点心急，有点担心，又有点怒火，但是又不至于和女人大吵一架，这样才算是较为完美的"迟到"。但对于男人来说，也许他们并不会想到女人迟到只是为了考验他们，他们更多的是把这种迟到归结于女人的不守时。

男人和女人本身就有很多差异，明白了女人约会迟到的用心，男人们还会痛苦和不解吗？其实，如果为爱情而苦，那么苦也是乐，不是吗？只有两个人经得起考验，才可能修成正果。

要想互相彻底地理解对方是不可能的，所以不管多么完美的女人，都会有让男人觉得不能接受的地方。一个男人再优秀，也不可能做到让女人处处满意。所以，两个人若想相处下去，就必须学会容忍，而约会中的迟到，也是其中的一项环节。

魔力悄悄话

男人们要切记：用"守时和守信"来要求一个和你约会的女人是不现实的，甚至是愚蠢的，这很有可能让我们失去和她下一次约会的机会。因此，成熟自信的男人，通常不问女人迟到的原因，只会报以淡淡的一笑。正好如女人所想，一个男人如果足够喜欢一个女人，就得学会容忍她的一切，包括迟到。

第八章
改变爱的思维

对很多人而言，当尘埃落定回首自己一生的感情历程，最美好的回忆其实不是相濡以沫白头到老的爱情，而是人生岁月中的那段没有理由无需后悔的恋情。

爱不需要任何理由。一旦依附太多的理由，就会成为一种负担。

爱的时候死心塌地,不爱的时候无需追问。一生中值得爱的人很多,而真正可以爱的人却很少。

恋人间当遵守以下法则:不要求别人寡廉鲜耻的行为,若被要求时则应当拒绝之。

灰姑娘情结，只不过是大多数女人的心结

　　灰姑娘辛德瑞拉，英文是 Cinderella，是童话故事《灰姑娘》中灰姑娘的名字。她心地善良，出身贫寒，长期受到继母和姐姐的虐待，后来得到仙女帮助，历尽阻挠终于和王子快乐地生活在一起。后来人们常用"辛德瑞拉"这个词去形容外表不出众但是内心善良的女孩子。现在"辛德瑞拉"也指代灰姑娘似的女孩或者爱情。辛德瑞拉情结即成了每个女孩的公主梦。

星梦奇缘，那颗星星照亮了谁的心？

　　早期韩剧《星梦奇缘》(又译《星星在我心》)被誉为十大经典韩剧之一，也是辛德瑞拉情结的经典案例，故事讲述一位出身孤儿院的少女李涟漪，性格开朗而且为着自己的梦想不断努力，一天一位自称是已故父亲的朋友的男人到孤儿院接走了她，她在这男人家里过着不一样的生活，同时认识了两位少男和几位少女，一切的改变令她陷入迷茫之中。

　　每个灰姑娘在剧中都有个"后妈"和"坏公主"，这一部也不例外，涟漪被大叔收养带回家里，可大叔的老婆与一对儿女对她处处为难，而且"坏公主"又和"真公主"爱上了同一个男人——小民哥。

　　但是，结局一定是唯美的。《星梦奇缘》的结尾，江民在台上给涟漪唱了一首 Forever，那首歌当年风靡大街小巷并且出了中文歌词版本。当深情无悔的"小民哥"用他沙哑磁性的嗓音唱起《Forever》时，世界屏住了呼吸，堪称浪漫的求爱方式。

　　在我们自己周围，太多女孩子喜欢看韩剧了。过多的韩剧、泛滥的矫情将正常的女孩活生生逼成大龄剩女。有人说我们这个时代"爱无能"，归根到底也是价值作怪。

其实各个时代的男男女女，大抵都是差不多的，不会有一个时代比另一个时代特别优异或劣质的情况出现。本来少女看见年轻男子怀春，是老天爷安排的正常心理活动，为女大当嫁做好准备。现在这个自然的程序被突然打断，横插10部韩剧，部部男一号多金英俊完美，还有若干男二号三号争抢。

电视机前的女人们于是看傻了，爱情阈值被活生生地抬到天上。本来挺好的邻家男子，结果和电视里一比，实在不堪一击；甚至身边不多见的优秀男人也看不上，于是一个个坐地起价，少女熬成老妇。

难怪洪晃会告诫那些向她求助情感问题的女孩子们，少看点连续剧吧！

众多童话故事里最受偏爱的大概就是《灰姑娘》了吧？完美的女孩，苛刻的后妈，严酷的生活，俊逸的王子，难以压制的愿望，众多好友的帮助，舞会上的炫彩，美梦成真的欢乐，多么十全十美的情节！

一个美丽的女子，一个明理的王子，会说话的动物，有魔法的女巫，华丽的南瓜车，高雅的玻璃鞋，哪一样不是你企盼已久的？哪一样你所爱的没有出现在这里面？

格林兄弟的这一部经典童话我只完完整整地看过一遍，此后我再没有邂逅过她，没有买书重读，没有去看电影，最完整的记忆只存在于五岁以前，然而这个童话故事却陪伴我走到现在。

当我在学校拿了一个不可置信的成绩回家，当我被揍得"体无完肤"，当我受到朋友的欺骗，当我发现这个世界不是我认识的那样，当我发现我的努力收不到同等的回报……总而言之，当我孤单到没有人安慰的时候，我都会想起灰姑娘。Cinderalla成了我的慰藉，当她温馨甜蜜的小女儿生活随着母亲的逝去一同终结时，当她跪在地板上为自己异父异母的两个姐姐清理鞋面时，她一个人默默地承受了下来。

不可置疑，这个世界是不公平的，life is no fair。但灰姑娘穿着她破烂的厨娘裙微笑着告诉我们——忍受下来吧，你会有好结果的，会有王子好好爱你的。

于是我们惊诧地看到灰姑娘脱下她的仆人衣服，穿上光彩照人的宫廷长裙，戴上闪闪发光的公主头箍，梳上时下最流行的发式，用一个清纯的媚眼就轻易俘获王子的心。

灰姑娘再次警告我们，美好的事物稍纵即逝，舞会过后，她仍然是家中受人欺侮的一名下人。

但希望仍是在前方的,王子无法忘记舞会上那个女子一颦一笑的风情万种,最终历尽千辛万苦,他找到了蓬头垢面仍掩不住美丽容颜的她。

灰姑娘还告诉我们,幸福是要自己去争取的,比如当后妈将她关在小房间里,不让她和王子见面时,她死命地踢打门板,还让小老鼠尽快找到钥匙替她开门。这告诫我们,平常可以是一副柔弱女子的模样,关键时刻决不可优柔寡断。

灰姑娘的故事与公主的故事所不同在于,她更贴近——或更正确的说,是我们认为她更贴近——现实。她的出身很一般,只不过是一个比较小康的家庭。接下来她的命运可以用两个字来形容——悲惨。疼爱她的母亲先她而去,狠毒苛刻的后母带来了两个阴险丑陋的女儿。之前尽管她生活还不能算十分滋润,但至少是受人疼爱的小姐,继母的到来使她成为地位低下的仆人,为两个所谓的姐姐鞍前马后的服务。就算是风光荣耀的舞会一晚,也让她付出被两个姐姐虐待后锁在小黑屋长达一周的代价。

这个故事暗暗契合了我们的想法,大多数女孩的出身是平淡无奇的,也许我们中的一部分家底殷实富贵优渥,但也不过是商人之女或是公务员家人这样一些常见的人罢了。惊世骇俗的出身实在是比较难找的,所以灰姑娘的出身让我们心安——我们这些平凡普通的人也可以有快乐幸福的权利。

其次是灰姑娘坎坷的命运加大了这个故事的真实性,她不同于公主的故事,彻头彻尾都是幸福,让我们觉得离我们十分遥远。灰姑娘之所以必须先"灰"一阵子,是为了让我们知道幸福的珍贵和来之不易。

但作者很清楚我们对于幸福的底线,比如格林就没有写为了嫁给王子,灰姑娘必须跪在大门口,用硬硬的鞭子抽打自己的脸颊,一直到晕厥为止。他很明白,为了幸福我们愿意付出,但我们绝不愿意放弃尊严把自己放到无比低微的位置里去。他设置的幸福价码很低,只要辛辛苦苦地做一阵子仆人,又饿又累就可以了。所以从心理上,我们愿意接受灰姑娘的人生安排,只要愿意做一些努力做一些付出,哪怕当不上公主,总还可以坐上王后的宝座。

最重要的是,这并不是小美人鱼那样一个悲剧的故事。尽管安徒生十分伟大,尽管悲剧惊心动魄并更容易流传百世,我们仍然希望看到美好的结局。在我们心底,何尝不期望自己也能历经"千辛万苦"最终皆大欢喜呢!

可是,真的只是付出这么一点就可以得到那么至高无上的荣誉吗?!

《灰姑娘》的故事永远都只是童话而已,这个世界上本来生活安稳后来受人欺负的人如天上星星一样泛滥,他们中的大多数都只能默然终老。我们必须要清醒地认识到,灰姑娘之所以可以成功,最重要也是决定性的原因是她美貌的脸蛋,她曼妙的身材,而不是王子在舞会上来不及看见的善良心地。

女孩们往往可以很好地控制自己的公主情结,因为她们知道这基本是幻想。但灰姑娘情结就不那么容易控制了,她以一种亲切的方式吸引了女孩。灰姑娘之所以比公主更具有诱惑性,是在于我们认为自己可以成为灰姑娘。我们认为,只要我们行事大方善良面面俱到,乐于帮助别人,就算自己其貌不扬家世平淡,也会有属于自己的王子到来。而灰姑娘开出的价码又在我们可以接受的范围之内,我们从内心里愿意相信自己做出一些努力之后就会成为第二个灰姑娘。这样的想法极容易蒙蔽我们的眼睛,让我们沉浸在幻想中难以回归现实。

其实消除这样的幻想很简单,只要站在镜子前仔细看看自己的长相,确认自己不是第一眼就让人神魂颠倒的绝世美女,然后就洗洗睡吧。

再回到《灰姑娘》中去,其实我们很可以继续设想灰姑娘和王子的故事,灰姑娘容颜老去,曾经的王子现在的国王喜欢上了清纯可爱的乡间野玫瑰或是绝代风华的宫廷郁金香。

难道不可能吗?

魔力悄悄话

在这个世界上,女孩们靠幻想中的"王子"是永远无法成为"王后"或是"公主"的,想要美梦成真,请从把童话放进心底的那一天开始,认真学习,努力工作,为自己挣来你所梦想的一切吧。

改掉你的公主病，戒掉幻想的公主命

公主病，又称公主症候群，英语里叫 Princess syndrome，说的是自信心过盛，要求获得公主般待遇的女性。公主病者多数是未婚年轻女性，自小受家人呵护、伺候，心态依赖成病态，行为娇纵，有问题常归外因，缺乏责任感。过去公主病只发生在贵族或富商大贾家庭中的女子，但这个病症已经日益扩大到不同的族群。

越来越多的书籍、杂志、文章都在教导女性如何生活得像个公主，但另一个事实却是有越来越多的"公主"成为情场上的剩女。时代在变化，女人在成长，都让男女关系面临着新的问题。女人自尊自爱放在任何时代都是硬道理，可是有些女人走过了头，自以为是公主，自认应该受到公主般的待遇。恋爱本该是件互相体谅、互相付出的美事，偏偏患上公主病的女孩子们，把对方呼来唤去当作权利，视对方关心、为自己着想为天经地义之事。

我是公主我最大，真的吗？

曾经看过这样一期时下相当火爆的相亲节目，叫我印象深刻，而且非常难忘。当时节目进行到男嘉宾"权利反转"板块，面对三个女嘉宾提出他最关心的问题。男嘉宾说："我平常工作很忙，有时难免情绪不好，如果回到家里情绪不好，你们会怎样对待我呢？"其中一个长相颇为甜美可人的女嘉宾说："我是一个特别需要爱和关心的人，不管你在外面情绪如何，我希望你回到家都哄我开心。"主持人追问了一句："那么你除了爱和关心，又能给予你的男人什么呢？"这个甜美可人的女嘉宾思考了一下，比较坦诚地说："我知道，我爱耍小性子，我不爱做家务，我有公主病，有时候我会无理取闹，但是我相信一定会有这样一个男人能够接受我。"说话的时候，女孩子的眼神无比真诚，充满了希冀。主持人略略沉吟了一下，说了一句："那你就等吧。"是的,那你就等吧,也许真的会有这样一个男人,无条件地包容你的一切,爱你的一切小脾气小性格,爱你就如同童话里的骑士爱着自己的公主,爱得那么真诚那么忠诚,那么赴汤蹈火那么奋不顾身。只是,你有没有换位思考过?

也许你认为条件不错的男人,还想找一个贤良淑德的对象呢,每天下班的时候,女人都能跪在门口递上拖鞋,温言细语地说:"您回来啦!您辛苦啦!"是的是的,你会说,这不是我们一直在批判的大男子主义吗?不错,可是患有公主病的女孩子们,不也是走到了大男子主义的另一个反面极端"绝对女权主义"吗?拜托,都21世纪了。帝王将相如今已经不流行了,穿越小说看多了没什么好处的。这个快节奏的时代、现实的年头,不会再有那样痴情的王子、忠诚的骑士、鬼迷心窍的阿哥……

下面是"公主诊疗室"开业时间,烦请各位读者对号入座,看看自己有没有患上让男人谈之色变的公主病呢?

公主病的轻度症状:

1. 懒惰。别人的事情别人做,自己的事情也让别人做,家务更是能懒就懒。喜欢睡懒觉,你教育她"早起的鸟儿有虫吃",她会翻个身反驳你:早起的虫儿被鸟吃。

2. 娇气。让男人客串力工帮她拿东西是家常便饭,散步累了就让男人背。不肯乘公交车,出门要么打车,要么坐私家车。

公主病的轻度症状在不少女人身上都有迹可循,并且无伤大雅,偶一为之还比较讨喜。

公主病的中度症状:

1. 挑剔。无论去哪家餐厅,都能找到坚决不吃的东西。她的男人必须长得帅,即使不帅也要有钱,普通男人入不得她的法眼。

2. 洁癖。到哪儿都要掏出随身携带的纸巾,先把椅子擦干净再坐,忘带纸巾时就借身边男人的袖子当抹布。

公主病的中度症状尚在男人可以忍受的范围内,前提是这男人足够包容和迁就。

公主病的重度症状:

1. 骄横。语言都是命令式的,像高高在上的女皇。约会你必须提前到,她则可以毫无理由地迟到一小时。以自我为中心,从来不管你是死是活。

2. 奢侈。狂爱名牌,认为刷爆信用卡,由白马王子代为还清是天经地义的。

公主病的重度症状可就不太招人待见了,病入膏肓的公主也会让男人望而却步。

接着说说网上流行的分类,包括以下几种公主类型:

1. 控制型公主:某方面具有较强的能力与优势,骄傲自负,做事略带娇蛮,不顾及他人的感受,喜欢控制,影响周围的人,成为被关注的焦点,一不如意就会发脾气,在婚姻和职场中容易成为"闪离族"。

2. 依赖性公主:能力相对较弱,缺乏自理能力,重大的决定往往依赖于别人,娇气,怕吃苦,社会适应能力弱,容易成为"啃老族"。

3. 创伤型公主:由于受创伤缺乏健康的童年,在关系中以自我为中心,感受他人的能力低,控制与支配欲强,有较强的攻击性,尤其是两性关系中易情绪化。

于是你可以看到这样的言论:我觉得女人天生就是该享受的,我就是一个月光族。我不愿意到社会上工作,因为社会太复杂,人性太阴暗,我就想做个全职太太,你能养得起吗?我希望我的爱人是个24小时待命的特臀,我随时打个电话让你回来陪我,你能做到吗?

她们在提出这些问题的时候,丝毫没有认识到自己的态度和生活方式有什么问题,她们认为我要遇到一个能够这样接受我的男人。把男人、婚姻和爱情当做解决自己的生活困难、爱情危机、心灵障碍、个体价值,甚至于生存困惑的灵丹妙药。

魔力悄悄话

年轻的女孩有时候对生活的艰难困苦望而生畏,于是她们想通过爱情解决自己的生活问题。她们把择偶和婚姻作为解决一揽子生活问题的捷径,希望借此一劳永逸,甚至不劳而获。

女人越想嫁，就越嫁不好

　　网上有个流传的段子：如果想要生两个小孩，30 岁前生完，小孩相差 3 岁，那 27 岁就得生第一个，26 岁就得怀孕，想怀孕之前二人世界两年，那 24 岁就得结婚。订婚后，见家长，旅行，准备婚礼要一年，那 23 岁就得订婚，订婚前要拍两年拖，那 21 岁就要遇到这人。

　　"恨嫁"源于广东话，意思就是非常想嫁人，恨不得早日出嫁。有人说，十个适龄女子九个恨嫁，这话说得的确有点夸张。可剩女们的"恨嫁风"从 35 岁刮到 30 岁，又从 30 岁刮到 25 岁，如今又刮进了校园。不少女生工作之前就开始幻想着一生最浪漫的情景，工作后，随着压力的逼近、渴望稳定、对婚纱的迷恋等原因，年轻女性恨嫁的心情愈演愈烈，已有普遍化趋势。

　　有女性如此总结——不缺怀抱，缺房子；不缺男人，缺踏实；不缺爱情，缺婚姻。仿佛爱情比较缥缈，婚姻多少给人一定的安全感，起码有一些约定俗成的规则；人们对约定俗成的东西有习惯性的依赖，从而会有一定安全感。

一切不以结婚为目的的恋爱是要流氓？

　　赵敏是一个坚强独立的女孩子，她就像金庸笔下那个同名的番邦公主一样，有能力有性格，敢爱敢恨。她也同样和那个番邦公主一样爱上了一个优柔寡断的男人。

　　赵敏跟她的"张无忌"同居五年了，赵敏无微不至地照顾他的饮食起居，包揽洗衣做饭全部的家务，还经常别出心裁地做点爱心便当养生汤水。就这点来说，赵敏做的甚至不比"张无忌"的老妈差。

　　赵敏不仅下得厨房，而且绝对的上得厅堂。"张无忌"带她出去参加公司年会的时候，那是绝对的闪亮登场。

她以为"张无忌"在享受了这些福利待遇之后，至少能基于感动给她一个承诺。

于是，赵敏开始试探了。

逛街的时候，赵敏开始看婚纱礼服，还庄而重之地问"张无忌"："你看我到时候穿哪件好看啊？你自己呢？你喜欢什么颜色的西装？或者干脆燕尾服好不好？"

买车的时候，"张无忌"看中了一款双座的跑车，赵敏却说："这个不行吧，将来有了孩子就得换车了。"

参加好友婚礼的时候，赵敏抢到了新娘抛出的花束，得意地把花束拿给她的"张无忌"，充满期待地说："我们什么时候结婚啊？"

谁料人家却说："我们这样不是挺好吗？"赵敏失望地看着这个自己深爱了五年的男人，那男人满脸上写的都是：还没结婚呢，你就已经做得这么到位，为什么我还要没事找事给自己加条锁链？

赵敏困惑了。

女人恨嫁的同时，男人却开始恐婚了。

赵敏用自己荒废的青春告诉我们一个小小的道理：在和男人交往时，千万别让男人吃得太饱，尤其是还没结婚的时候。男人都对未知的、不能掌握的、神秘的东西备感兴趣，而对招之即来挥之即去、完全把握得住的情感缺乏渴望，也就不会珍惜。能让男人念念不忘想娶回家慢慢研究的女人，必然是会让他产生期待感和饥饿感的。她会带来出人意料的惊喜，她并非一成不变，他越想更深入地了解她，越发现她是如此难以了解，和她一起生活，就是一场充满冒险的奇幻之旅。这样的女人更能让男人相信：如果婚姻是坟墓，那么能与这个女人"死了都要爱"，便也并不那么可怕。

魔力悄悄话

还是不要时时刻刻把"我要结婚"四个大字清清楚楚地写在脸上。不然，变成刘若英扮演的那个龅牙"结婚狂"，恐怕只能让男人敬而远之哦。

一见钟情，一箭伤心

亦舒在《电光幻影》里尖锐地写道："行乐及时，上天给你什么，就享受什么。千万不要去听难堪的话，一定不去见难看的人。或者是做难做的事情，爱上不应爱的人。"

但是爱情就是这样的神奇，往往用电闪雷鸣迅雷不及掩耳的速度蒙蔽上你的眼睛你的心。电影《泰坦尼克》里面的杰克和露丝，应该算是一见钟情的典型代表了，最后仍然难免以悲剧告终。我想，杰克葬身冰冷的海水，露丝痛苦地追忆一生已经算是一个相对完美的结局了。因为如果两人都幸存之后，他们会面对更多来自世俗的现实的困难和挑战。

现实最常见的情形是，那些表面看起来幸福无比的家庭，隐藏着难以言说的隐痛。那些在外人看起来活得艰难苦痛的婚姻背后，却有着简单真实的幸福。

我个人是很不看好一见钟情式的爱情的。帅哥美女，一次邂逅，一见钟情，然后牵手走进婚姻的殿堂，这是很多文学作品和青春影视剧惯用的桥段。一见钟情的爱情，看上去很美，但看得多了，便发现了其中的许多破绽。一见钟情，其实不算是真正的爱情，只能算是一种美丽的遇见。

我听过的最悲剧的一见钟情的故事是这样的——男孩对女孩说："第一眼看到你，我就喜欢上你了！"女孩奇怪地问："你第一眼看到我是什么时候？"男孩："就是开学那天啊！我看你和家人一起来的学校，你穿的裙子特漂亮！"女孩大怒："那天我没穿裙子，穿裙子的那个是我妈！"由此可见，一见钟情的不靠谱程度。

史上最艺术的一见钟情，当属美国舞蹈家邓肯和前苏联诗人叶赛宁之间的那段往事。

1921年，著名舞蹈家阿赛朵拉·邓肯由美国到苏联演出，她独具风味的舞姿和崭新的艺术风格，在叶赛宁心里引起了强烈的共鸣。

演出结束后,当叶赛宁被介绍给邓肯时,两人紧握双手,简单寒暄后,互相凝视,彼此都感到又惊讶又兴奋。

邓肯曾经读过叶赛宁那些美丽的抒情诗。如今见到这位诗人竟是这样年轻英俊,那双神情略显忧郁的蓝眼睛里迸发出如此奔放而且灼人的热情……她也完全被迷住了。

从恋爱婚姻的角度来说,叶赛宁和邓肯是不太相称的。叶赛宁当时仅26岁,而邓肯已经43岁,整整比叶赛宁大了17岁。其次,两人语言不通,叶赛宁不懂英语,邓肯不懂俄语,彼此没有可以直接交谈的语言。

然而,这一切并不妨碍两人如痴如狂的热恋。虽然语言不通,但彼此都能从对方身上和眼睛里感受到一种特别强烈的爱。更重要的是,他俩似乎仅凭直觉便知道彼此都需要对方的这种爱。

不久,叶赛宁正式与邓肯同居,又开始进行为期一年多的国外旅行,经德国、意大利、法国、比利时,最后到达美国。在恋爱初期那阵甜蜜的兴奋与冲动过去之后,随着接触了解的加深,他们才发觉彼此之间存在着一条不可逾越的鸿沟:两人在性格上明显缺乏和谐一致。从某种意义上说,叶赛宁是个"忧伤"的诗人,而邓肯是个"快活"的舞蹈家,这种性格上的不和谐必然造成两人感情上的裂痕,加之他们之间还有很严重的语言障碍,两人交流思想感情只能求助于手势和代名词。这样,由于思想感情得不到及时而充分的沟通,两人之间的矛盾不断加深,最终分手。

患有精神抑郁症的叶赛宁在旅馆的房间里自杀了。那年,他刚满30岁。死前,他咬破手指,用血写成一首八行的"绝命诗":

再见吧,我的朋友,再见吧。

你永铭于我的心中,我亲爱的朋友。

即将来临的永别,意味着我们来世的聚首。

再见吧,朋友,不必握手也不必交谈,无须把愁和悲深锁在眉尖——

在我们的生活中,死,并不新鲜,可是活着,当然更不稀罕。

邓肯听到叶赛宁自杀的消息之后悲痛异常,一年多之后,在大街上穿过时,由于精神恍惚,围巾被卷进汽车轮子,遭受严重车祸而死。

这场轰动了世界的著名的一见钟情,就这样以悲剧收尾了。我常想,若他们的生命不曾有过交集,是不是艺术史都会是另一番模样呢?只可惜这一切已经无法验证了。

爱情——有花堪折直须折

世界上浪漫的爱情只有两种，一种是电视剧里的爱情，不论多么肉麻，都可以让你看得掉眼泪，另一种是自己正在经历的爱情，即使对方是只猪，你也可以痛苦到彻夜不眠。

不知多少女子，一见钟情之后如飞蛾扑火般奋不顾身地投入了爱情。殊不知在她们内心深处，她们爱上的也许不是那个爱人，她们只不过爱上了爱情本身。

今天之所以有人感觉爱情有点奢侈，有点稀缺，恐怕是因为他们给爱情贴上了标签，或者把爱情渲染得过于文艺或特别了。

很多女人特别乐此不疲地扮演恋爱大片中的主角，在她们那里，如果一场爱情没有强烈的冲动和激情，没有痛苦的期待和渴望，没有不停的试探和游戏，没有猜疑，没有争吵，没有眼泪好像就没有爱情。她们往往不能够真正陶醉于一个男人真实的特点，她们是陶醉于关于爱情的想象，或者陶醉于这个男人符合浪漫爱情的设计与表现。其实，不知有多少优秀的男人就在我们身边，他们是确定的，而不是模棱两可、捉摸不定、神秘莫测，正是因为此，他们激发不起有些女人与浪漫相联系的爱情意识。

爱是温暖的，不一定很激烈。爱是明朗的，不一定非得绚烂。爱往往是脱俗的，但是它不一定神奇。

而那些神奇的一见钟情，却如同脆弱的花朵，经不起风吹雨打，轻易就会在现实的残酷环境下夭折。

魔力悄悄话

现实最常见的情形是，那些表面看起来幸福无比的家庭，隐藏着难以言说的隐痛。那些在外人看起来活得艰难苦痛的婚姻背后，却有着简单真实的幸福。

一厢情愿，不过是你的心愿

"抹布女"指那些爱得无怨无悔，为了爱情宁愿牺牲自己的事业、青春的女孩。从前也听过看过很多类似的故事，比如一对小情人家里很穷，上不起大学，于是女孩主动放弃学业，打工赚钱供男孩上学，到头来男孩学业有成，觉得自己懂得比那打工妹多，双方不再是一个档次了，不能站在同一个高度了，于是找个借口就把女孩抛弃了。

"抹布女"的例子很多，虽然现代女性思想有了进步，但仍然有这样为爱无悔的故事。就算知道是个坑，还是有人往里跳，抱着侥幸心理希望自己爱的不是那样的人。生活中不少抹布女，愿为男人奉献一切。往往，当她实在再无可奉献之物的时候，对方会把她一脚踢开。怎一个惨字了得啊！但就像鲁迅说的那句话：可怜之人必有可恨之处。一个女孩子能够成为"抹布女"，大多也都是自己心甘情愿选择了这样一条路。

我的天荒地老，不过是你的一段过往

绵绵和晓东本来完全不是一个世界的人。

绵绵是一个大城市里娇生惯养的娇娇女，晓东是农村里寒窗苦读出来的凤凰男。

可是就是这样两个不同世界的人，就这样冲破一切阻隔地在一起了。

或许是当时晓东声情并茂地对绵绵说的那一段"我奋斗了十八年才能和你坐在一起喝咖啡"打动了绵绵的心吧？总之绵绵就一下子被晓东征服了，义无反顾地投身于这场差异巨大的爱情。

绵绵的爸爸妈妈意料之中地反对这场门不当户不对的爱情，他们甚至宣布和绵绵断绝关系，绵绵什么也别想从父母那里得到。绵绵一气之下索性离家出走，搬到了晓东的出租房和他同居。

爱情——有花堪折直须折

从二十四小时热水、中央空调的电梯公寓搬进半地下没厨房没厕所的出租房，巨大的反差让绵绵惊讶。但是惊讶之后，绵绵并没有被吓走，反而从那瘦小的身躯里爆发出强大的力量。他们克服了物质上的困难，一步一步地走向苦苦打拼的美好未来。

当三年之后，晓东终于拥有自己的公司，绵绵本以为一切的苦难终于到头了。然而她不知道，自己的噩梦才刚刚开始。

晓东爱上了别人。

绵绵拖着疲惫的身躯离开了晓东。绵绵不懂，自己为这个一无所有的男人付出了这么多，为什么这个男人竟能忍心对自己弃如敝屣？绵绵觉得自己就像是一块抹布，擦净了晓东身上的尘土，擦亮了他的人生，然后，就结束了自己的历史使命，只能丢进清洁间的角落。

原来自认为那么无私那么忘我的爱情，却只不过是一厢情愿。自己认为可以相守一生的相濡以沫，竟然也不过是那个人人生中一段或有或无的过往。

绵绵自杀未遂两次，轻度抑郁，一年后才能正常生活。

而晓东那时已经是一个孩子的爸爸了。

可是许许多多"抹布女"们可怜故事的背后，不单单只有一个薄情的男人，更是因为她们对自己的定位不准。单方面的奉献有时是一股反作用力，会给平等的感情关系致命一击。抹布女的错误在于忽略了人性中的"贱性"，让男人得到得太容易、拥有太容易，因而让自己变得"廉价"了。要想更持久地获得一个男人的爱，女孩子们一定要懂得延迟满足他的需求。

魔力悄悄话

爱自己，说明对生活有追求、对自己有信心。这样的女孩子时刻认为自己是优秀的，男人轻易不敢对这样的女人乱来。爱一个人之前，女孩子应该先学会如何爱你自己，因为爱好自己才能爱别人。我们总说很爱对方，爱对方胜过爱自己，但是如是爱到连自己都迷失了，对方又怎能不无视你呢？

爱情不是你花了时间，就有结果的事情

爱情，到底是靠缘分还是靠勤奋？这是 2007 年复旦大学学生辩论赛的一个著名辩题。关于那场辩论赛，视频在网上随便一搜就出来一屏一屏的链接，那些洋溢着青春缺少一点阅历的孩子们激动不已的稚嫩声线实在乏善可陈，在这里就不多表了。值得一说的是这个论题——爱情，究竟是靠缘分？抑或，是靠勤奋？

"肉食女"他真的不是你的菜

我的朋友小鱼是一个果断勇猛的"肉食女"。"肉食女"是新近出现的一个词，用来形容那些主动追求男性的女性。这类女性一旦看见中意的男性，会如饿虎扑食一样主动表达爱意，且完全不顾旁观者的诧异目光。小鱼并不介意别人说她"肉食女"，甚至还有点洋洋自得。"对自己喜欢的，就要主动争取，哪能守株待兔？"小鱼理直气壮地说。说这话时，她哪里像一条小小的鱼儿，简直就是凶猛的大白鲨。

小鱼爱安生，爱了好几年。我们都觉得安生的气质和小鱼不搭，两个人简直没有交集么！安生是自由摄影师，每天安安静静地玩玩单反，时常还要买个新镜头，有时候还要开着越野车跑到穷乡僻壤去拍摄。那些景色放在取景框里倒是漂亮得惊人，但是拍摄的过程风吹日晒颠沛流离，却是真的很苦。小鱼是典型的都市女郎，回一次老家，就看着自己原来生活的小城市不顺眼，怎么商店五点多就关门了？怎么完全没有夜生活？怎么最大的商场专柜都买不到一支兰蔻的眼霜？让小鱼去体会田园风光的静谧，倒不如对牛弹琴。

但就是这样，小鱼还是爱安生。爱到情愿陪着他跑了一次西藏，高原反应得要死掉，回来后恨不得泡在温泉里不出来，一边往身上撩水一边诅咒西藏的肮脏。但是,不爱就是不爱,不管你付出多少,始终是没有结局的故事,弄不好,就是两败俱伤。一直以来,小鱼都对安生不计回报地好,一厢情愿地付出。后来,她得偿所愿,真的跟他在一起了,她也就越发珍惜他,事事为他考虑。可最终呢,安生一拿到父亲的遗产,连个招呼都没打,就跑到纽约自费读摄影专业去了。小鱼哭了三天,哭到快脱水。不哭之后就开始打点行装,打算跑去纽约陪读。幸好我们这些朋友把她劝住了。

我说:"世界上有两件最不可能做到的事情。一件是爬一堵倒向自己的墙,一件是挽留一个离自己而去的人。小鱼你早点打住吧!"小鱼神色黯然:"为什么?我那么那么爱他,他为什么却不能也爱我呢?"

在爱情的词典里,你找不到"天道酬勤"。

遇见心仪的男孩子,要不要努力去追。不都说,女追男隔层纱嘛。我们也曾经轰轰烈烈的表示,遇见心动的男生,就要迅速出手,厚着脸皮,也要把他追到手。心动那么难能可贵,怎么能浪费了呢?

可如今年岁渐长阅历渐多,却慢慢地觉得,似乎不敢再有那样的热血和冲动,摆在眼前的事实告诉我们,那样不可取。说到底,和一个不爱你的人在一起,只能悲剧收场,不管你是多么爱他。因为付出之后,我们就会想要回报,得到些许回报后,又想要更多。人心总是不满足的,尤其是在爱人那里。

回到我们最初说的复旦大学辩论赛吧,一位辩手是这样说的:"从小到大我所知道的就是如果爱一个人我们就必须痴心绝对,如果我们付出百分之百的努力千分之千的勤奋,我们就可以抱得美人归。"

可是,是不是我们勤奋了之后就一定可以成功?

告诉大家不是的!我从小到大每一次,就差成功一步的时候,就会杀出一个程咬金,小黄狗小白兔什么之类的,坏了我的好事。

魔力悄悄话

感情的付出有时候就是这样,你的付出不一定会得到回报。

很多事是勤奋不来、勉强不来的。

令人羡慕的豪门，不见得就是"好门"

一位年轻漂亮的美国女孩在美国一家大型网上论坛金融版上发表了这样一个问题帖:我怎样才能嫁给有钱人?

"我下面要说的都是心里话。本人25岁，非常漂亮，谈吐文雅，有品位，想嫁给年薪50万美元的人。你也许会说我贪心，但在纽约年薪100万才算是中产，本人的要求其实不高。这个版上有没有年薪超过50万的人? 你们都结婚了吗? 我想请教各位一个问题——怎样才能嫁给你们这样的有钱人? 我约会过的人中，最有钱的年薪25万，这似乎是我的上限。要住进纽约中央公园以西的高尚住宅区，年薪25万远远不够。我是来诚心诚意请教的。有几个具体的问题:一、有钱的单身汉一般都在哪里消磨时光(请列出酒吧、饭店、健身房的名字和详细地址)? 二、我应该把目标定在哪个年龄段? 三、为什么有些富豪的妻子看起来相貌平平? 我见过有些女孩，长相如同白开水，毫无吸引人的地方，但她们却能嫁入豪门，而单身酒吧里那些迷死人的美女却运气不佳。四、你们怎么决定谁能做妻子，谁只能做女朋友(我现在的目标是结婚)?"——波尔斯女士

下面是一个华尔街金融家的回帖:

"亲爱的波尔斯:我怀着极大的兴趣看完了贵帖，相信不少女士也有跟你类似的疑问。让我以一个投资专家的身份，对你的处境做一分析。我年薪超过50万，符合你的择偶标准，所以请相信我并不是在浪费大家的时间。

"从生意人的角度来看，跟你结婚是个糟糕的经营决策，道理再明白不过，请听我解释。抛开细枝末节，你所说的其实是一笔简单的'财''貌'交易:甲方提供迷人的外表，乙方出钱，公平交易，童叟无欺。但是，这里有个致命的问题，你的美貌会消逝，但我的钱却不会无缘无故减少。事实上，我的收入很可能会逐年递增，但你不可能一年比一年漂亮。

"因此，从经济学的角度讲，我是增值资产，你是贬值资产，不但贬值，而且是加速贬值! 你现在25岁，在未来的五年里，你仍可以保持窈窕的身段，

俏丽的容貌,虽然每年略有退步。但美貌消逝的速度会越来越快,如果它是你仅有的资产,十年以后,你的价值堪忧。

"用华尔街术语说,每笔交易都是一个仓位,跟你交往属于交易仓位(trading position),一旦价值下跌就要立即抛售,而不宜长期持有,也就是你想要的婚姻。听起来很残忍,但对一件会加速贬值的物资,明智的选择是租赁,而不是购入,年薪能超过 50 万的人,当然都不是傻瓜,因此我们只会跟你交往,但不会跟你结婚。所以我劝你不要苦苦寻找嫁给有钱人的秘方。顺便说一句,你倒可以想办法把自己变成年薪 50 万的人,这比碰到一个有钱的傻瓜的胜算要大。

"希望我的回帖能对你有帮助。如果你对租赁感兴趣,请跟我联系。"——罗波·坎贝尔(华尔街某行多种产业投资顾问)。

当豪门发生的"哀事"日益增多,当女明星成为豪门"剩艳",痛苦最多的,其实还是女明星本身而已。嫁入豪门是福是祸? 冷暖自知! 在这里给嫁入豪门的女生的一些提醒:

1. 想趁青春卖个好价钱,表面看是占便宜,而实际交出的是最重要的人生自主权。一个人要幸福,就要具备获得爱的素质——独立、勇敢。只有自己有了力量,才能找到真正的人生幸福。

2. 嫁富豪,你的人生一样不可能一劳永逸,权利和义务永远相当。人生一定有微妙的平衡,你现在只看到光鲜而看不到背后的代价,是因为太年轻。捷径不是不存在,但是是综合因素造就的个案,而且风险巨大,大多数女孩还是应该踏实走好自己的人生路。

3. 嫁富豪并不意味着成功的人生,虚荣是一时,幸福不幸福是一辈子的事。坚强、独立,无论在哪里都是必要的素质,对女人来说特别重要。人世间有很多美好的东西你可以得到,但真正能陪伴你走过这一生的,只有你自己而已。

魔力悄悄话

当豪门发生的"哀事"日益增多,当女明星成为豪门"剩艳",痛苦最多的,其实还是女明星本身而已。嫁入豪门是福是祸? 冷暖自知!

第九章 金钱不能购买感情

　　不要以爱的名义，去伤害爱你的和你爱的人，因为谁也没有伤害别人的权力！爱你的人如果你不爱，请给他留点尊严；你爱的人如果不爱你，也要尊重他的选择。

　　占有不是爱的本意，伤害也不是爱的目的。不论爱与不爱，产生纠葛已是前世修来的缘分。珍惜缘分，善待彼此，幸福才会住驻你心里。

　　恋人之间就如这杯浓郁芬芳的咖啡，在于品，在于酿，温暖的午后，我独自安静地坐在桌前，细细地品味着咖啡的浓郁，想起恋人的点点滴滴……

别用金钱衡量爱情

　　婚姻是爱情在经历了风雨的洗礼与时间的考验之后修成的正果,很多人对于婚姻的憧憬都有着难以用语言描绘的动人的情景,婚姻是"执子之手,与子偕老"的海誓山盟,更是"山无棱,天地合,乃敢与君绝"的动人传说,婚姻寄予了两个人对美好生活的憧憬,更寄托了所有亲朋好友的真挚祝福。

　　对于婚姻,每个人都有着自己的理解,在现在物质与金钱至上的年代,很多人对婚姻又有了新的认识与理解。不再是平平淡淡才是真的美,不再是一个面包分成两半来吃的感动,不再是将彼此看作生活全部的时候,婚姻的根基动摇了,只因为原来梦想的琴棋书画的美妙生活被柴米油盐酱醋茶所取代,这时爱情的新鲜感已经渐渐淡去,涉及生活实质的时候才知道婚姻与钱的关联,生活就是"柴米油盐酱醋茶"组成的,是一分一毛地积攒起来的。当金钱决定一切的时候,爱情也需要金钱作基础。

　　花钱的多少确实可以衡量爱的程度,但要适可而止,视男人的能力范围而言。一个千万富豪,当然可以对任何一个有感觉的女人挥金如土。那不一定是真爱,而只是有兴趣而已。如果一个只拥有一个饼的男人,却仍然愿意分半个给心爱的女人吃,那才是真爱,是天底下最珍贵的东西。但现在却很少有人再去回味那半个饼的幸福。

　　有些女孩总是想在结婚前就什么都拥有,其实,给男人增加压力,就是给自己以后的生活埋了颗定时炸弹。许多的爱和钱已不可分割,但是钱和爱永远是两码事,也许你会说你见多了用金钱买来的爱情,但在那种爱情中一定掺杂了过多的金钱利益。凡是以追求金钱和外在条件为目的的女子,似乎她们的结局都不是像当初开始时那样完美。

　　年轻漂亮的云,某天进城看望自己的姑妈,搭车时正好旁边坐了一位仪表堂堂的男子,出于客气,两人都点头打了声招呼。这个男子主动和云搭讪,并主动自我介绍说是某公司的部门经理,叫李强,还无意中亮出了工作证和10万元的存折。云一看,心底不禁窃喜,想想美丽大方的自己,居然会遇上这样一个风度翩翩的男子,这一定是上天赐给她的丈夫。于是,两人相谈甚欢,李强一开始就对云说他很仰慕像云这样的女孩,温柔大方、端庄贤淑,自己就想娶这样的女孩做妻子。云一听,有些飘飘然,便问李强,家在哪里?李强立马回答,在县城,房子是刚买的,200平方米,都装修好了,就等着结婚用了,云这时已经坠入这个美丽的谎言中去了,下车时两人都互留了电话,第二天李强就约云见面。其实,这时的云已经明白了对方的用意,她觉得以自己的美貌就应该嫁一个有钱有地位的男人。

第二天,云来到约定的地点,两人相见,含情脉脉,她感到自己的幸福已经来临了,便忘情地投入了李强的怀抱。几天之后,他带她去逛商场,买衣服。当她穿起"经理"为她买的华丽的裙服、昂贵的皮鞋时,感到了脱胎换骨的自豪,更加相信了他的话,并决定和他登记结婚。

就在她爱他难舍难分、如胶似漆的时候,她怀孕了。她悄悄地告诉他,那是他俩爱情的结晶,并提出他们应该尽快结婚。而快要当爸爸的他呢,说公司要进一批货,得出远门,等忙完这批生意后回来结婚。为了让她相信自己,他把10万元的存折交给了她,吩咐她不要让外人知道,小心保管,云这才放心让他去了。

不久,他果然回来了,却又说公司要进一批货,有20多万元的赢利,可是该公司董事长出差去了香港,进这批货尚缺3万元。云当着父母亲的面拿出存折,要他上银行取,他却说那是定期存折,快到期了。云的父亲把这些年起早贪黑做小买卖积蓄的2万多块钱全都拿了出来,又向左邻右舍借了几千元,才凑足了3万块钱交给了他。

他走了,一直没有回来。云该临产了,家里人都慌了手脚,带着女儿寻找,到李强的公司一问,人家说公司根本没有此人;再拿出存折到银行对账,原来存折里一共才10元钱,所谓10万元是自填的数目。这时云的思想已经有些混乱,她猛然间拉起父亲往家赶去,想到自己还有一套200平方米的大房子,云觉得事情还有挽回的余地,但刚走到大门口,云就再也说不出话来了,自己面对的是从头到尾的欺骗。这个房子根本不是李强自己的,而是租的,并且还欠了将近一万元的租金,云的父亲捶胸顿足,她不忍看见父亲如此痛苦,便想一死了之,结果被人救了,送进医院抢救。

这就是用金钱衡量后选择的"婚姻"。当一份感情从一开始就只是用金钱衡量,彼此算计,又能有多少真情实意在其中?

爱情激情飞扬,犹如烟花般绚烂,却也如流星般转瞬即逝。婚姻平淡琐碎,柴米油盐,却也风雨连绵。但真正的婚姻就是这样,把最美好的记忆封存到自己的回忆中,用回忆的温暖去感受每天的生活。走好自己的路,不要做拜金主义者,不要被金钱所迷惑。无论何时何地,别人都是靠不住的,别人不可能养你一辈子。只有自身具备生存能力,取得经济上的独立才是最重要的。不要被利益冲昏了头脑,不要"一失身成千古恨",自尊自重些吧。自重者人自重之。路在自己脚下,命运在自己手中。把握好自己人生的方向盘,无论何时何地,你都能够处变不惊,从容坦然地走过人生的每一个阶段。世界上有多少财产被挥霍掉了,有多少钱被花掉了,而它的主人却并未获得纯真的爱情。

魔力悄悄话

纯真的爱情绝不是用钱能够买到的,真情只能用实意来换。婚姻绝对不是用金钱来衡量的,不要在某一天,让别人说你是为了钱而嫁的。只有真正感觉到对方的好,你才会发现,爱是那么简单。

分享小秘密,让对方敞开心扉

与人交往时,我们常可见两类人。一类是善于言谈的,这些人可以饶有兴趣地与我们谈论美容时尚、娱乐八卦、家长里短,可是从来不会表明自己的态度。

我们一旦将话题引入略带私密性的问题时,他就会插科打诨,或是一言以蔽之。对于这样的人,人们往往多有戒备心理,常常被认为是泛泛之交,不会深入。另一类人则不善言辞,虽然她们不太爱讲话,却总希望能向对方坦露心声,这样的人反而很快能和别人拉近距离,而对于此类人,我们也往往愿意和他深交,像她诉说自己的心事。

为什么会出现这样的结果呢?

人之相识,贵在相知;人之相知,贵在知心。要想与别人成为知心朋友,就必须向对方袒露自己,即表露自己的真实感情和真实想法,向别人讲心里话,坦率地表白自己,陈述自己,推销自己。

小林是同宿舍中最擅长交际的一个,并且人长得也漂亮。但同班甚至同宿舍的其他女生都找到了自己的男朋友,唯独漂亮的、擅长交际的小林仍是独自一人。

为什么呢?她身边的同学都表示,她太神秘,都不了解她。原来,小林一直对自己的私生活讳莫如深,也从不和别人谈论自己,每当别人问起时,她就把话题岔开。

在生活中,我们也常会发现有的人外表看起来不是很擅长社交,但是,能对他/她掏心的却比较多。而有的人,虽然很擅长社交,甚至在交际场中如鱼得水,但是他们却少有知己。

这是为什么呢?如果我们仔细观察,会发现第一类人一般都有一个特点,就是为人真诚,渴望情感沟通。他们说的话也许不多,但都是真诚的。他们有困难的时候,不知怎么总能有人来帮助他(她),而且很慷慨。而第二类人习惯于说场面话,做表面功夫,交的朋友又多又快,感情却都不是很深。

因为他们虽然说很多话,却很少暴露自己的感情。其实人人都不傻,都能直觉地感到对方对自己是出于需要,还是出于情感而来往。

也许,我们也有过这样的感受:当自己处于明处,对方处于暗处,自己表露情感,对方却讳莫如深,不和我们交心时,我们会感到不舒服,对这个人也不会产生亲切感和信赖感。而当一个人向我们表白内心深处的感受时,我们会觉得这个人对自己很信赖,而我们也无形中和他/她会一下子拉近了距离。

在与人交往时,尤其是恋爱交往中,我们应该至少让自己的恋人适当地知道和了解真实的自我。这样的人在心理上是健康的,也是实现自我价值所必需的。一个从不自我暴露的人,很难与他人建立起密切的关系,而一个总是向别人谈论自己的人,也不会赢得友谊或者爱情,甚至会招人厌烦。但是,总是喋喋不休地谈论自己的事情的人,刚开始可能会得到别人的认可,但时间长了就会遭到人们的厌烦。所以,在向心仪对象袒露自己时要恰到好处,不可过多,也不能过少。

心理学家认为,适当的自我暴露,是加强人与人之间关系的一剂良药,这样可以让对方明白我们想与之深交、深识的心意。特别是在恋爱的时候,如果让我们的恋人感觉自己在他/她面前还要戴着一副假面具,就有可能对我们的人品或者与之交往的目的产生不必要的怀疑。而且,我们也不一定要说自己的秘密,大可与恋人交流一些生活中并不私密的情感或者经历,这样,既给人亲近之感,又不会让自己有过度暴露的不安全感。

当人们与自我暴露水平较高的个体交往时,为了回馈对方对自己的信任,许多人有可能也会进行较多的自我暴露。如与恋人聊天时,我们偶尔"不经意"地透露一些小秘密,那么对方或许也会讲出心底隐藏的"秘宝",因为他们愿意对我们做出同等的回报,投之以桃,报之以李。

既然现在我们已经知道了自我暴露与增进彼此距离有紧密的联系,那么,我们在利用自我暴露拉近两人之间的距离时,都要注意哪些问题呢?

首先,自我暴露应遵循对等原则,即当一个人的自我暴露与对方相当时,才能使对方产生好感。比对方暴露得多,则给对方以很大的威胁和压力,对方有可能会下意识地采取避而远之的防卫态度;比对方暴露得少,又显得缺乏交流诚意。这样,就要调整好这个度,才能恰到好处地调节与恋人的关系。

然后,自我暴露应该循序渐进。自我暴露必须缓慢到相当温和的程度,缓慢到足以使双方都不感到惊讶的速度。如果过早地涉及太多的个人亲密关系，反而会引起对方的忧虑和不信任感，认为我们不稳重、不敢托付，从而有可能事与愿违地拉大双方之间的心理距离。

所以，恋人之间的交往需要自我暴露，这是交心的一种有效方式，更是加深感情的一种手段。

魔力悄悄话

恋人之间建立真正的亲密关系是需要时间逐步培养的，它的建立要靠信任和与恋人相处的体验。因而，我们的"自我暴露"必须以逐步深入为基本原则。

爱情难以 AA 制

钱,实在是个敏感的话题。不论友情还是爱情,一旦涉及钱,往往都有那么一丝尴尬。浪漫情侣之间,不免涉及钱的问题,比如浪漫晚餐后的埋单问题,结婚时候的买房问题,婚后抚养子女的开销以及赡养老人的义务等,都会给爱情中的男女带来烦恼。爱情并不是不食人间烟火一样的不入俗套,世俗中的爱情总是带着世俗的味道。只是有人总把爱情想得过于神圣,挂在嘴边常说的话,就是"别提钱,提钱伤感情"。有些女人为了摆脱金钱纠葛的烦恼,也为了表示自己是独立女性,并非是要利用恋爱或者婚姻关系依靠男人,于是选择 AA 制。

但 AA 制只适用于朋友、同学、同事的关系,并不一定适用于所有的恋人和夫妻。很多采用 AA 制的男女爱情走得并不长远,总是在坚持了一段时间以后,分道扬镳。

丽君是一个异常独立的女孩子,从来不肯花男朋友一分钱。这样做不是因为她多么有钱,其实她也不过是一名普通的白领,挣的钱刚好能够养活自己,生活过得不是很奢华,但是别有一番滋味。她也希望自己能够有很多的钱,有时候太累了,也希望能有一个人替自己的生活埋单。可是,有了男朋友以后,她的这种念头就被打消了。

在很多人看来,像她这样年轻貌美的都市白领,嫁一个有钱人也不是难事。可是她偏偏不这么做,不管自己的男朋友是穷还是富,她都坚持花自己的钱。她几乎对交往过的男朋友都说过:"女人不能随便花男人的钱,一直在一起还好,万一分开了,谁欠谁的都说不清楚。"所以,一直到了 30 多岁她只花过一个男人的钱,那个男人就是她的老爸。

从初恋到她的第 N 任男友,她跟每一位男友分手的时候都不曾有过亏欠。跟前几任男友交往的时候,她从来都不收对方的礼物,即使是出去约会,她也坚持 AA 制。直到第四任男朋友几乎崩溃地对她说:"你就这么讨厌我吗?给你买什么你都不肯收,你的心里真的一点都没有我吗?"她不知道该怎么回答,被迫收下了礼物,可是过不了多久,她就会回送一个价钱差不多的东西作为补偿。

前不久,她的男朋友再次跟她提出分手。这一次,是有人横刀夺爱抢走了她的爱情,她不甘心,一定要看看那个女人是什么样子的。几经哀求,他答应了。三个人约出来一起吃饭,那个女人一直在点自己爱吃的菜,还吵着要他去买糖葫芦。"第三者"霸道的样子让她吃惊,而面对"被人吃定"的样子,他竟然摆出一副享受的表情,更让她不能理解。

这个世界是怎么了?她想不明白也不愿意再想。

很明显,她与男朋友分手的原因之一就是因为她从来都不肯花对方一分钱,这样的做法也许能够受到部分女人的崇拜,但是对于男人来说,她的这种坚持是一种拒绝的姿态,把对方推向了门外。

男人不会为了女朋友不花自己的钱就感谢对方。如果对方不肯花费自己的一分一毫,那么他就会觉得双方之间始终有一条界线,芥蒂深了,双方便会逐渐疏远,甚至分手。

爱情是双方的付出,这种付出不仅是情感上的,还有物质上的。如果不接受男人的付出,那么男人总会觉得跟你有隔阂。接受别人的付出也是一种成全,当她们懂得接受的时候,其实也是在换取别人对她们的珍惜。因为人们都有这样的心理:付出越多,就越想去珍惜,就越想从中获取一些回报。就如同她们选衣服:你看中了一件大衣,价格标着500元,但是你想用350元成交。这个时候你有两种做法:一种是直截了当地跟售货员说出你的想法,如果售货员不同意,你也只好掉头走人。可是,如果她开价500元,你不说话,也不还价,只一个劲地试衣服,各种颜色通通试一遍。假如货架上没有,就让售货员去仓库取。即使是来了其他客人,也要让售货员无暇顾及。待她筋疲力尽的时候,你一口咬定350元,只要不亏本,对方通常情况下都会卖给你的。

爱情也是这个道理,没有人愿意白白地付出。既然付出了,就想要有所回报。恋人之间分手,多数都是付出得多的那一方不愿意放手。就好像是买了股票,在赔了很多的时候,即使是抛售也如同割了心头肉一般,可是如果自己没赔多少,那么抛售也就抛了,除非是有更多的利益可赚,不然多数都不会犹豫。

恋爱中,女人如果不花男人的钱,而只充当他的"免费情人",那么很可能得不到他的珍惜。只有花男人的钱,成为男人投资的一部分,才不会被男人随手抛弃。

当然,男人愿意给女人花钱也是有目的的:在自己付出的同时,他们希望能换取对方的付出。也就是说,女人在接受男人的钱的时候,就要懂得以爱和关怀回报对方。所以,女人在接受物质上的馈赠时,要确定对方是否值得自己以青春和自由作为回报。

也就是说,女人在花男人的钱的时候也要看人。只有对自己的爱人,才可接受他物质的馈赠,而别的男人即使付出得再多,也要学会拒绝。

魔力悄悄话

即使是花钱,也要考虑对方的经济实力,在可接受的范围内让对方投资,而不是让对方倾家荡产。那样的花法不会换来珍惜,反而会吓跑自己的真命天子。

令男人胆战心惊的恋爱"钱"规则

中国有一句古话叫作"女为悦己者容",然而这句话的背后隐含着的一个意思就是,那些"悦己者"要为这份美丽埋单。

女人的爱情是无价的,但是男人与女人谈恋爱是时时刻刻要考虑价码的,女人从恋爱中收获的除了爱情,还有男人为自己送上的这种礼品,而男人从恋爱中收获的除了爱情,恐怕就是那一堆账单了。谈恋爱期间,你有没有计算过,谈一场恋爱的成本是多少?

当然,也许你正在甜蜜的爱情中享受着幸福的瞬间,谈这个问题有些煞风景。爱情是崇高而伟大的,如果恋爱也谈成本,那这个世界还有什么不是物质的? 但事实是,如今的浪漫太需要物质的支撑了。将爱情进行到底,说来容易做起来难。所以,恋爱中的男人一定要为自己和你喜爱的她算一算爱情成本,这样才能知道恋爱也是一笔很大的支出,进而回味一下那句"女为悦己者容"背后的深意。

小陈和女朋友江娜是大学同学,他们在一起三年了,现在两个人都是公司白领。小陈也和中国大多数男士一样,由于中国男人的大男子主义心理,主动承担起了两个人在一起的开支。

其实小陈心里也是有苦说不出,因为他感觉自己现在的压力很大,家里有在农村的父母,以后还要负担买房。而且他和江娜在一起的开支有增无减。看下面的清单:

星期一:白天我们很忙,晚饭也没有时间一起吃。最后我们从城市的两头打车汇集到一个弥漫着爵士忧伤的酒吧,聊聊天,喝了一点饮料。花费:85元。

星期二:午休时间我正打算在办公室休息,我的手机响了,我很高兴地接听。结果我听了半小时的情话。每分钟4毛钱,一共12元钱。晚上,我决定和她吃顿晚饭,然后回家洗洗睡觉。结果我们在那家人来人往的饭店里,花了两个小时和200元钱。

星期三：我想起她说过喜欢SWATCH的手表，于是我去商场买了一块表送给她当作礼物。付出280元，得到含情脉脉和一个吻。

星期四：她说晚上我们在一起吧，我说好的，我们去喝点咖啡吧。于是，我们无比喜悦地去了那家有人弹奏古典吉他的典雅的咖啡馆，我们窃窃私语，烛光摇曳，我们还自己动手现磨咖啡。花费：150元。

星期五：早上她说下午就没事了，我们去逛街吧。我们坐在商场的美食广场吃午饭——我们都喜欢的回转寿司简餐，60元。然后，我们在商场待了4个小时，她的收获是我手中的一件无袖短连衣裙、一双凉鞋、一瓶美白乳液和一个挂件，她只要我送其中的美白乳液，价值330元。

星期六：昨天晚上后来和她吵架了，有点自责，于是我咬咬牙请她到我们说过好几次的一家宾馆的西餐厅吃法国蜗牛和鹅肝，480元的晚餐当然好吃。接着我们心满意足地去看了一场100元的电影。

星期日：我们只想在一起看看那些高高低低的树，于是我们骑车远行。我们看到的满眼是绿色.回来时有点累，走进了那家舒适的冰激凌店，点了她最喜欢的意大利冰激凌。总花费：120元。

小陈的这个单子只是他和女友江娜在一起很普通的一周，他们基本上每周都这样。所以，虽然小陈月薪6000多，但每到月底还是"月光一族"。其实，很多大城市的白领男士都会遇到同样尴尬的局面，尽管这份美丽的代价着实不低，但如果一个男人连为约会埋单都承担不起，又何谈承担起今后的家庭开销。

魔力悄悄话

真正识大体的女人们都知道，如果真爱他，就要为他算一笔经济账。这样，你在他的心中就不再是一个陪在自己身边的花瓶，而是一个体贴、懂事、会持家的老婆人选。他会因此而更尊重你、珍惜你。

爱情与面包不是对立面

爱情是人生命中永恒的主题,每个人都渴望爱情,都希望沉醉在爱河中感受人生的幸福。然而,你的爱情之花没有开在童话里,在现实的烟尘中,当爱情与面包难以两全时,你该如何抉择呢?有这样一则故事:

爱情穿着高贵圣洁的礼服在世间行走。有一日,它忽然遇见了陈列在橱窗里的白胖胖、傻乎乎的面包,爱情心里忍不住有点不平衡,这个笨家伙有什么资格躺在这么华贵的橱窗里呢!真是太不公平了。

它凑上前去对白面包说:"喂,傻瓜,谁让你躺在这里的?"

面包毫不生气,微笑着说:"点心师傅因为人们的需要而创造了我,我能填饱人们的肚子,我不躺在这儿躺到哪去呢?"

爱情嗤之以鼻,当下决定和面包打个赌,让面包承认自己的微不足道,爱情才是至高无上的。

于是面包笑眯眯地离开了橱窗。爱情化身为美丽而特别的爱情小天使代替了面包,微笑地站在了橱窗里。

不久,橱窗前来了一个小男孩和一个小女孩,小女孩手里攥着钱把橱窗上下看了一遍说:"哥,怎么不见面包了,这个是什么东西啊?"

"这是爱情。"小男孩看着旁边的招牌回答。

"爱情是什么呢?它看起来好美哦,我们把它买回去吧。"小女孩很高兴。

"不行,不行。"小男孩慌张地摆手,"妈妈说是爱情抢走了爸爸,所以我们才没有了爸爸,如果我们敢把爱情带回去,妈妈一定很不开心的。"

小女孩似懂非懂地和小男孩走了。

爱情很不屑:小孩子懂什么爱情呢。

一会儿,来了一对时髦的青年男女,他们立在橱窗前还不时相互亲吻对方的脸,看得出是一对沉浸于爱河的恋人。女人首先发现了爱情,她兴奋地说:"亲爱的,这是爱情啊,我们把它买回去吧。"

"可是亲爱的,我们是来买面包的。"男人皱了一下眉头。

"噢。"女人发出一些失望的音符,随即又心领神会地和男人一起走了。

爱情很失望,但又释然了:浮躁的青年人还是不懂得爱情的。

中午来了一对中年夫妇,都拎着大包小包的东西。"这是一对会过日子的夫妻。"爱情心想,"他们一定懂得什么叫爱情。"女人的眼睛飞快地搜索了一遍橱窗,看到爱情,她的嘴角浮起了一丝微笑,爱情想她一定是想起了恋爱时的美好时光。爱情满以为她会买下自己。谁知女人只是失望地说:"这里没了面包。"

"那我们再找另一间吧,孩子等着吃呢。"男人推着女人走了。

爱情气愤极了,马上又安慰自己:"被生活琐事累着的人是不懂得享受爱情的。"

过了许久,来了一对老夫妇,老妇人高贵优雅,老头儿也温文尔雅,爱情可以看得到他们之间的情意,心里高兴起来:"只有老了的人才能真正地了解爱情。"老妇人看到了爱情对老头儿说:"现在爱情到处乱摆,算什么爱情啊。"老头儿笑道:"还是面包实在。"他们转身走了。

爱情终于忍不住,放声大哭起来。它悲伤地哭道:"这世间就容不下爱情了吗?"但是没人能回答它,这是为什么呢?

人们崇尚爱情,世俗却看轻爱情。只给得起爱情的男人,最看不起重视面包的女人;渴望爱情的女人,最讨厌身上沾满面包味的男人。有人说,年轻的时候因为不用担心没有面包,所以追求纯真的爱情,等到有一天自己要想办法找面包吃的时候,爱情就不重要了。爱情拥有保质期,有专家说世界上最长的爱情期限是 3 年 7 个月,没有爱情的日子,女人又靠什么维持平淡如水的生活呢?

每个人都期盼能和生命中的另一半演绎一场轰轰烈烈的爱情,然后在漫长的生活中成为能读懂自己的知己。生活久了,你就明了,这个世界能找个心心相印的异性不容易,找个一辈子花前月下的异性更是难上加难。

只要爱情的人是理想主义者,为了爱情可以放弃一切。我们不能说他们无知,不能说他们幼稚,只是他们在追求心中的完美世界。

选择面包的人是一个现实主义者,他们把经济基础放在第一位。我们不能说他们势利,不能说他们冷漠,只是他们无可奈何。

爱情——有花堪折直须折

　　生命中,爱情很重要,但不是唯一。爱情只是生命绿树上斜伸出的一根枝条,她有理由成为生长得最茂盛、开放得最美好的一个生命,但是,她并不是生命本身,为了爱情并不意味着你有理由放弃生命中其他的要务。

　　真正的生命,不仅仅是纯净与空灵、美丽与诱惑,还有欲望与挣扎,有权衡与无奈,这才完整。真正的生命,也还要面包的滋养,才能存活。所以,在面包和爱情之间,其实是必须要有面包。爱情与面包并不是对立的矛盾,而仅仅是生活的两个侧面、两个层次。就像政治经济学上的那个命题,经济基础决定上层建筑,上层建筑又反作用于经济基础。没有面包的爱情,是饥肠辘辘的浪漫,沿街乞讨的高尚,最后只能是香消玉殒。

魔力悄悄话

　　何必把面包看得那样俗气? 爱情本身带有很多附加值,面包不过是其中一个,诸如此类的还有很多,例如身高、相貌、年龄、人品、学识……爱情之花不能只存在真空,它实实在在,需要有面包的支撑,营养充足爱情之花才能开得长久。

六个步骤让你成为完美"财女"

不少女人是通过婚姻,或者说通过征服一个男人来获得世界——财富。不过,这种女人大多是通过牺牲幸福来达到的。女人为什么不直接去获取财富?

女人要生活得快乐,就不能把希望寄托在别人身上,不管那个人有多么爱你,多么愿意为你付出,他也只能是你生活中的备用方案。女人只有自己掌管金钱,才能在人格与地位上获得独立,也才能够自由自在、快快乐乐地生活。

也许很多女人也认识到了金钱的重要性,怎样才能穿过赚钱的迷雾,成为一个真正的"财女"呢?这里有六步理财,耐着心一步步走下来,你会发现自己也成了"有产阶级"。

第一步,从重视小钱开始。

很多人都认为投资得有一大笔钱才能开始,总存有手头上的钱暂不宽裕的心理。富翁的钱也是从一元钱攒起来的,财务自由不是一天就可以实现的。所以我们都应该明白,财富的围墙也是一块砖一块砖地垒起来的。任何一点小钱,都是围墙上的一块砖,如果抽掉了,就可能垒不起财富的长城。

第二步,积少成多也能成大富翁。

一元钱也许不起眼,但是千万个一元钱就是一笔大财富。你现在节约下来的每一元钱,都是筑造财富大楼的一块基石。攒钱如此,花钱也如此,花20元钱和40元钱也许一次比起来没有什么区别,但时间长了,所产生的贫富差异却很悬殊。

第三步,不能只活在现在。

有一些女人说不愿意投资,因为她不想等10年才成为富婆,她想享受眼前的生活。事实是,10年后你是否能保证比现在过得好。你将来的生活条件是由你原先所做的投资而决定的,所以,不妨在此刻为你的将来做好准备!

第四步,买公司本身。

有些人总是在问为什么总存不下钱,他们总是觉得钱是花出去了,但从来没见任何回报。针对这种情况,建议大家不再买公司所销售的产品,开始买公司本身。美国对有钱人(年收入 22.5 万或持有 300 万资产)做的一项调查表明,富人会把他们全部收入的 30% 左右拿去投资或储蓄。这并不一定可以致富,却是他们成为富人的原因。

第五步,贫富不在于存折的厚薄。

如果你的工作只付给你每年 18 万的薪水,要想年薪百万,你就得找 6 份工作,但那时的你身体却会因此垮掉。难道 100 万就真的赚不到了吗?但是仍有很多每年赚 100 万的人,他们也只有一份和你相当的工作,却不断地有支票入账。二者的区别就是,智者并不看工资的多少,而是看怎么才能让里面的钱高效地运转起来。

第六步,不走父母的老路。

如果你不想像父母一样辛苦操劳一生而依旧清贫的话,那就别过他们的生活,要从他们那一代人的思想中解放出来,把投资和财务储蓄永远放在人生中的重要位置。

魔力悄悄话

要想成为财女,就要抛弃你心中那些陈旧的金钱观念,走新的理财道路,只有这样才能成就新一代的小财女。永远别把男人当作你发财致富的捷径,存在这种心理的女人往往会竹篮打水一场空。